职业教育"三教"改革

研究与实践进路

亓春霞　孙月江　著

图书在版编目(CIP)数据

职业教育"三教"改革研究与实践进路 / 亓春霞,孙月江著. — 南京：东南大学出版社,2024.12. — ISBN 978-7-5766-1881-5

Ⅰ.G719.21

中国国家版本馆 CIP 数据核字第 2024PV2310 号

责任编辑：胡中正　责任校对：张万莹　封面设计：毕　真　责任印制：周荣虎

职业教育"三教"改革研究与实践进路

著　　者	亓春霞　孙月江
出版发行	东南大学出版社
出 版 人	白云飞
社　　址	南京四牌楼2号　邮编:210096
网　　址	http://www.seupress.com
经　　销	全国各地新华书店
印　　刷	广东虎彩云印刷有限公司
开　　本	700 mm×1 000 mm　1/16
印　　张	11.5
字　　数	180 千字
版　　次	2024 年 12 月第 1 版
印　　次	2024 年 12 月第 1 次印刷
书　　号	ISBN 978-7-5766-1881-5
定　　价	50.00 元

* 本社图书若有印装质量问题,请直接与营销部联系调换。电话(传真):025-83791830。

前言 Preface

自2019年国务院发布《国家职业教育改革实施方案》以来,职业教育的类型定位得以确立。现代职业教育体系的内涵更加深刻和丰富。新一轮职业教育教学的改革需求更加迫切。其中,以教师、教材、教法为主的"三教"改革不仅是职业院校教育教学改革的重点,也是职业教育进入高质量发展阶段的关键建设任务。教师、教材、教法分别对应解决"谁来教""教什么""如何教"的三个核心问题。到底为什么要改?改什么内容?如何改革?如何在产教融合、普职融通、科教融汇的背景下深化改革,如何在数字技术、人工智能等新质生产力的冲击下使改革更具成效?这些问题亟须系统性的研究和探索。

一、职业院校教师改革。 作为职业院校教育教学工作的实施主体,教师角色的重要性不言而喻。然而,长期以来,我国职业院校教师主要来自普通高校,专业化职业教育师资欠缺。教师职业能力结构并不完善,尤其是多数教师缺乏企业一线工作的实践经验,业务实践能力整体不高。同时,由于职业院校教师职业能力标准以及培训体系的不够完善,教师在对职业教育本质原理和方法论的认知与践行方面、校企合作开展教育教学方面、职业教育教学研究改革、技术研发和技术技能服务产业企业方面也普遍存在问题。这些问题影响了职业院校教师的岗位胜任能力,自然也影响着职业院校人才培养的质量水平。因此提升教师的职业能力和素质刻不容缓。职业院校必须通过教师改革来应对这些问题,提升教师工作质量。教师改革工作应该围绕职业院校教师工作的内容和流程进行改革:落实好教师改革相关政策文件,确立好教师改革工作方向;改革教师招聘工作,把好教师准入质量关口;完善教师改革工作标准,为改革实施提供工作依据;做好教师素质能力提升培训,提升教师教育教学工作胜任力;完善教学团队建设工作,发挥群体智慧力量;改善教师激励与约束机制,保障教师改革工作成效。

二、职业院校教材改革。 作为职业教育教学的内容载体,教材是职业院校教学改革的核心内容。国家高度重视职业教育教材建设,通过完善职业院校教材管理办法、加强规划教材评选、推进教材建设等系列工作提高和加强职业教育教材的质量水平和应用实践。但职业院校教材也依然存在一些较为典型的问题,如教材内容的职业特征不够充分、内容滞后于产业发展、教材育人功能发挥不够、与课堂教学的适配性不强、配套资源体系不够完整、教材形态不够新颖、地域特色不够突出等问题。出现这些问题的原因除了职业教育与产业对接不够深入外,也有教材开发者对职业教育教材的本质认识不深、建设理念落后等原因。要推动教材建设质量的提升,职业院校应把握好几个方面改革:完善相关标准建设,为教材的选用、建设和评优确立参考依据;完善学校教材管理体制机制,为教材工作提供管理保障;加强对教师选用和开发教材的能力培训,提升教师教材建设和应用能力;推进教材内容与结构组织改革,优化教材内容构成和组织方式;推进教材数字化形态改革,适应职业教育数字化转型需要。

三、职业院校教学方法改革。 职业教育是类型教育,与普通教育相比,具有不同的教学目标、教学内容、教学主体、教学空间、教学工具技术与行为要素。因此,职业教育教学方法或模式上也有显著的需求特征。职业教育教学方法决定着职业教育教学如何开展,因此科学适用的方法选择非常重要。行动导向教学是包含项目教学法、案例教学法、情境教学法等系列方法的方法体系,其在行动中学习推进能力构建的特征符合职业教育能力为本位的人才培养需要。职业院校教师应着力做好行动导向教学理念和教学方法的研究与应用,掌握立足课程需要开展行动导向教学实施的方法和路径。但是由于师资来自普通教育,多数教师对职业教育教学原理的认知不深刻,对职业教育教学方法掌握不系统,从而出现大量类似于普通教育课堂的讲授法教学,不能很好地适应职业教育课堂教学的需要,从而导致课堂教学质量参差不齐。要解决这些问题,职业院校也应重点做好八项工作:加强培训学习,提升教师系统认知;基于课程实例,提升教师设计能力;突出教学实践,提高教师实施能力;变革学习理念,提高学生学习能力;设置激励制度支持,强化教师意愿动力;建设软、硬件环境,提供改革场景条件;完善协同机制,搭建校企合作改革平台;建设标准体系,确保教法改革质量效果。

四、三教改革的标准化建设。 笔者认为"三教"改革的方法路径固然重要,但要实现以上要素的改革,标准化建设应作为关键抓手。职业教育进入高质量发展阶段,教育教学各项工作都应确立起高质量的发展标准。通过完善职业教育教学标准体系为教育教学改革设定依据、规范,提供参考指南等。作为教育教学的关键要素,教师、教材及教法的标准制度建设应尽快建立并完善。职业教育教学标准的开发应立足其类型特征的目标价值、相关原则进行开发。按照国家现有标准体系情况,笔者提出"落实上位标准+二次开发"、新标准结构化开发、"横向借鉴"标准开发三种模式,并提出了ADIOF(Analysis,Design,Implement,Operate,Feedback)的标准开发方法。笔者还结合职业院校教师、教材、教法需求分别提出了职业院校教师标准体系、教材标准体系和教法标准体系,并设计了教师改革工作、教材改革工作、教法改革工作中较为典型的标准示例,以期通过其中一些标准的建设的思路和示例,为职业院校推进"三教"改革的标准化建设提供参考,也为建设更加完善的标准体系起到抛砖引玉的作用。

  无论是高质量发展的背景、数字化转型的需要还是现代职教体系建设的升级要求,都为职业院校"三教"改革带来新的挑战。职业教育教学标准体系的构建与完善将为"三教"改革提供抓手,为职业院校整体教育教学事业改革提供动力,推进深化改革成效。只有深化改革,才能更好地提高学校人才培养质量,更好地服务产业高质量发展。只有深化改革,国家的职业教育才能真正迎来新阶段的高质量发展,推动职教强国建设的形成。

亓春霞

2024 年 11 月

目录 Contents

第一章

职业教育高质量发展呼唤"三教"改革 / 1

一、职业教育服务国家经济发展 / 1
二、"三教"改革相关政策和研究概括 / 2
三、职业教育"三教"改革的动因 / 4

第二章

"三教"改革之教师改革 / 9

一、职业院校教师改革面临的问题与挑战 / 9
二、职业院校推进教师工作改革的进路 / 18

第三章

"三教"改革之教材改革 / 45

一、职业教育教材概念内涵 / 45
二、职业院校教材改革面临的问题 / 49
三、职业院校教材工作改革进路 / 58

第四章

"三教"改革之教法改革 / 79

一、职业教育教学方法内涵 / 80
二、行动导向教学方法推进职业教育教学改革 / 92
三、数字技术驱动职业教育教学方法改革 / 113
四、职业教育教法改革面临的问题与进路 / 116

第五章

以标准建设推动职业教育"三教"改革 / 127

一、职业教育教学标准内涵 / 127
二、职业教育教学标准的必要性 / 129
三、职业教育教学标准体系框架 / 135
四、职业教育教学标准的制定 / 137
五、职业院校教师改革的标准制定 / 151
六、职业院校教材改革的标准制定 / 160
七、职业院校教法改革的标准制定 / 167

参考文献 / 173

第一章

职业教育高质量发展呼唤"三教"改革

一、职业教育服务国家经济发展

2019年1月,国务院印发的《国家职业教育改革实施方案》开宗明义提出"职业教育与普通教育是两种不同教育类型,具有同等重要地位"。2022年4月,第十三届全国人民代表大会常务委员会第三十四次会议修订通过《中华人民共和国职教法》,首次从法律上正式确立了我国的职业教育是与普通教育具有同等重要地位的教育类型,是国民教育体系和人力资源开发的重要组成部分,是培养多样化人才、传承技术技能、促进就业创业的重要途径。职业教育的类型定位得以明确,既是对中国特色教育理论的一个重大贡献,又是对其独特地位和重要价值的摆正和认可。从此,职业教育不再界定为普通教育中的一个层次,成为中高考失利者无奈的选择,而是成为上下贯通、纵横贯通的教育类型,成为学习者寻求个人发展和贡献社会的成长途径。这对于促进职业教育本体服务经济社会和个人成长发展的价值发挥具有重要战略意义。另外,类型定位也有助于职业院校突破层级局限,进一步认清自身功能定位和价值意义,进一步推动办学要素改革,提升关键办学能力,更好地服务人才培养和经济社会发展。

根据2024年教育部发布的全国教育事业发展基本情况,全国中等职业教育(不含人社部门管理的技工学校)共有学校7 085所,在校生1 298.46万人。本科层次职业学校33所,高职(专科)学校1 547所。高职(专科)招生555.07万人,远超普通本科招生的478.16万人。职业教育在中国整个教育体系中占据大半边天。院校和学生的数量规模数据都表明,职业教育是我国经济社会发展强有力的人才和智力支撑。从经济社会运行的现状看,千千万万职业教育培养的人才工作在社会各行业，服务于现代农业、先进制造、建筑水利、交通运输、商贸物流、医疗养护、安全维修等职业岗位，支撑着整个社会的正常运行，为中国经济社会发展作出了巨大的贡献。职业教育的重要地位和作用毋庸置疑，在经济社会中的价值体现也越来越凸显。

2021年3月我国发布《中华人民共和国国民经济和社会发展第十四个五年规划和2035年远景目标纲要》，提出我国已转向高质量发展阶段，提出了建成文化强国、教育强国、人才强国、体育强国、健康中国等目标。并在第四十三章"建设高质量教育体系"第二节中提出，增强职业技术教育适应性。突出职业技术(技工)教育类型特色，深入推进改革创新，优化结构与布局，大力培养技术技能人才。

2021年5月国家发展改革委、教育部、人力资源和社会保障部联合印发《"十四五"时期 教育强国推进工程实施方案》的建设任务(二)中强调：创新培养模式，优化培养结构，提升学生创新精神、实践水平和就业创业能力。

2021年10月中共中央办公厅、国务院办公厅印发《关于推动现代职业教育高质量发展的意见》提出职业教育要培养更多高素质技术技能人才、能工巧匠、大国工匠，为全面建设社会主义现代化国家提供有力的人才和技能支撑。

系列文件的出台不仅展示了国家高瞻远瞩的战略眼光，表明了国家对职业教育的高度重视，也引发了整个社会对职业教育的广泛接受。很多高职院校招生分数线持续攀升，一大批高分学生选择职业院校越来越成为常态。教育的多元性、多样性以及人人皆可成才、技能强国、技能报国的认知越来越强烈。

二、"三教"改革相关政策和研究概括

在近年来的职业教育相关政策中，"三教"改革作为主要内容不断被要求强化。

2019年1月，国务院印发的《国家职业教育改革实施方案》中强调完善教育教学相关标准，多措并举打造"双师型"教师队伍以及加强校企"双元"合作开发教材建设和运用现代信息技术改进教学方式方法等方案内容，为教师、教材和教法的改革指明了方向。

2019年4月，教育部职业与成人教育司谢俐副司长撰文提出："要推动职业院校教师、教材、教法'三教'改革。"这是职业教育领域首次出现围绕教学

要素的"三教"改革的提法。

2020年9月,教育部等九部门印发《职业教育提质培优行动计划(2020—2023年)》,提出"实施职业教育'三教'改革攻坚行动",包含提升教师"双师"素质、加强职业教育教材建设、提升职业教育专业和课程教学质量。这是从国家层面对"三教"改革的行动任务进行了阶段性的具体明确。

2021年10月《关于推动现代职业教育高质量发展的意见》中提出,坚持立德树人、德技并修,坚持产教融合、校企合作,坚持面向市场、促进就业,坚持面向实践、强化能力,让更多青年凭借一技之长实现人生价值。坚持面向人人、因材施教。该意见提出要强化深化教育教学改革,主要包括了强化双师型教师队伍建设、创新教学模式与方法、改进教学内容与教材、完善质量保证体系。

2022年12月,中共中央办公厅、国务院办公厅印发《关于深化现代职业教育体系建设改革的意见》,提出通过"打造一批核心课程、优质教材、教师团队、实践项目,及时把新方法、新技术、新工艺、新标准引入教育教学实践"以及"推动教育教学与评价方式变革"等途径提升职业学校关键办学能力。通过教师培训、兼职合作等方式加强"双师型"教师队伍建设。

还有在中国特色高水平高职学校和专业建设计划、全国职业院校教师教学创新团队建设、职业教育国家在线精品课程遴选、全国职业院校技能大赛教学能力比赛等若干项目中都包含对教师、教材、教法这三大主要教学要素的建设要求。

自2019年"三教"改革提法出现之后,以职业教育"三教"改革为主题的理论研究与探索不断涌现。搜索中国知网研究文献结果可知,自2019年3月到2023年9月,发表"三教"改革相关主题的论文数量总体上呈上升趋势(见表1-1)。

表1-1 "三教"改革论文发表情况(2019.3—2023.9)

年份	2019	2020	2021	2022	2023
论文数量(篇)	36	312	603	720	707

按照知网提供的计量可视化分析可知主题论文分布为:以"三教"改革为主要主题的论文有1051篇,为次要主题的82篇;以"三教改革"为主要主题的论文212篇,为次要主题的109篇。以"三教"改革为主要主题的研究文章主要围绕职业院校、职业教育的"三教"改革展开,也有些文章结合"1+X"证书、产教融合、课程思政、教学比赛等方面展开研究。以"三教"改革为次要主题

的研究文章主要在职业院校建设、教学教法、课程、教材、校企合作、"双师型"教师等方面开展研究。

从论文作者的信息来看,相关研究者主要是从事课程教学的一线教师。教师们大多基于所在专业和所授课程开展"三教"改革具体做法的实践研究,在解决人才培养和课程教学的相关问题上具有较好的针对性。但在"三教"改革内涵机理、方法模式的研究方面比较欠缺。在具体要素的研究方面,教师改革的研究主要聚焦于教师业务能力的提升,但对于高质量发展形势下教师改革的新目标和标准建设研究比较欠缺,对于企业专家融入师资团队和协同发展考虑不足;在教材改革方面,许多研究对于校企共同开展教材建设的改革非常重视,但对于如何实现教材与产业行业新发展的对接,如何与行业企业共同建设教材和教学资源的研究还不够充分;在教法改革研究方面,很多研究注重基于校企合作、工学结合去开展教学模式和教学方法改革,但结合职业教育课堂教学规律的研究探索却明显不足。职业教育教学中的方法如项目教学法、情境教学法、案例教学法等在教学实践中比普通的讲授法更为复杂,具有组织难度,因此在实践探索的研究成果上也明显不足。有一些研究从产教融合、校企合作的视域研究教师、教材和教法等要素改革,取得了一些探索经验。但是,多数研究是以职业院校自身视角作改革方向的寻求和建议,对产教深度融合、校企高效合作开展教育教学的科学理论认知和方法路径探索还远远不够。

因此,"三教"改革的系统性研究亟待进一步丰富和完善。无论是职教界还是学术界,对"三教"改革的研究既应该考虑整体维度的系统性改革,也应该从教师、教材、教法的具体领域研究推进改革。"三教"改革不仅要落实改革的必要性,也要推进改革的科学性。对"三教"改革开展全面综合、系统科学、长远持续的理论和实践研究任重而道远。

三、职业教育"三教"改革的动因

职业教育既然明确为类型教育,就要充分发挥其教育类型的优势,实现其特色的价值功能定位。同时,高质量的职业教育要能够时刻紧跟经济发展和技术变革,与产业同频共振,动态适应。只有这样,才能提升人才培养质量,为全面建设社会主义现代化国家提供人才和技术技能支撑。要达到这样的目标,就要全面推进职业教育改革。

职业教育改革受政策、经济、社会、技术等多方面的影响,并面临诸多层次和类别的挑战。服务人才培养的终极使命,职业教育改革的重点依然要聚焦如何提升人才培养质量上。职业教育改革是个复杂的系统工程,既涉及类型体系的改革完善,又包含招生制度改革、产教融合发展、院校治理提升、课程教学改革、师资队伍构建、工作评价改革等多方面。作为办学主体的职业院校,改革学校办学模式,完善管理体制机制,创新人才培养模式,深化课堂教学改革,优化教学评价方法等已经成为当下各职业院校加强内涵建设、深化改革的重要任务。职业院校对人才培养质量的提升主要通过课堂教学活动(包含实践教学活动)来实现。课堂教学是学校通过教师面向学习者实施教育教学的核心阵地,决定着学校人才培养的方向和质量。

职业教育课堂教学要素包括主体要素、空间场景要素、资源要素和运行要素(见图1-1)。主体要素是教师(含行业企业兼职教师)、学生。空间场景要素包括教室(多媒体教室、智慧教室)、实训室,企业教学空间以及线上/虚拟教学平台。时间要素包括课程总体教学时限和每一节课(或每个项目、任务等)各自的教学时间。资源要素包括教学标准、教材、各类数字化资源、教具、道具、挂图、实训室的教学设备、实训材料、实训内容以及企业场景资源、生产项目等。主体要素、空间要素和资源要素构成课堂教学开展的条件要素。同时,课堂教学本质上是教学活动,教学活动是在条件要素具备的基础上,按照一定流程在一定模式和方法的驱动下开展运行,形成教学的运行要素。这些运行要素包括:教学的流程(如课前、课中与课后三段流程以及每一阶段的教学实施步骤)、教学方法和教学模式(包含如何开展知识讲解、操作演示以及实施教学互动、如何评价等)、教学管理约束(如学校教学管理制度、学生学习管理制度等)等。

图1-1 课堂教学要素构成图

多重要素整合协同构成课堂教学的要素系统。课堂教学要素这么多,职业教育为什么一定要强调教师、教材和教法改革呢?

我国的职业教育对国家经济贡献巨大,发展迅速。但是长期以来,职业院校普遍存在教育教学与产业岗位脱节的现象。教师"双师型"能力和素质不足,教材内容严重滞后于产业发展,课堂教学过程与实际岗位工作过程无法有效对接等问题普遍存在。

职业教育有着不同于普通教育的人才培养目标和人才培养模式,对教师、教材和教法等要素的要求也与普通教育不同。因此,要充分研究职业教育类型特色下的具体要求,改革职业教育的教学主体、教学资源和教学方法等关键要素,深入挖掘能够提升教师能力水平、教材建设水平和课堂教学水平的做法和经验,才能真正实现职业教育的类型定位价值和社会功能服务价值。

"三教"改革是涉及教学环节的综合改革。教师、教材、教法分别对应解决"谁来教""教什么""如何教"三个核心问题。对此三个方面进行改革就是紧紧抓住了职业教育改革中的主要矛盾,有非常强的针对性,也是借以推动职业院校整体改革的关键线索。

第一是教师改革。教师是课堂教学活动的实施主体,是最关键的人的要素。职业院校的教师具有不同于普通教育教师的责任和使命,承担着培养高素质劳动者与技术技能人才培养的任务。职业院校教师的成员构成、专业能力、教学能力、研发创造和社会服务等方面都与普通教育不同,甚至在职业能力分析、实践教学和校企合作等多个方面具有更高的要求。双师型教师是职业院校教师最为关键的特征。职业院校教师的发展水平决定着职业教育课堂教学的质量和高素质技术技能人才培养的质量。

高质量发展的职业教育给教师改革带来新的问题与挑战。专业如何优化才能更好地契合产业经济发展需要?课程如何设置才能更好地满足岗位能力发展需要?教材如何建设才能更好地满足职业教育课堂教学需要?课程资源如何开发才能更好地满足学生自主学习需要?课堂教学如何设计才能更好地符合工作过程导向?如何借助数字技术创新教学模式和教学方法?如何改革评价体系来满足职业院校人才培养特点以及新型课堂教学需要?一系列诸如此类问题不断出现并呈现出新的特征,为承担教育教学工作的教师带来全新的挑战,也为当下职业院校开展教师工作改革带来强劲动力。

第二是教材改革。教材是课堂教学的资源要素,是教学内容的材料,是教师教学开展的内容依据和规范资料,也是岗位职业能力转化为教学语言的依托载体,还是学生实现知识学习的主要参考。职业教育教材必须体现党和国家意志,全面贯彻党的教育方针,落实立德树人的根本任务,依据国家教学标准和职业标准(规范)编写。专业课程教材要充分反映产业发展最新进展,对接科技发展趋势和市场需求,及时吸收比较成熟的新技术、新工艺、新规范等,公共基础课程教材要体现学科特点,突出职业教育特色。教材要符合技术技能人才成长规律和学生认知特点,对接国际先进职业教育理念,适应人才培养模式创新和优化课程体系的需要,服务学生成长成才和就业创业。

但现实的问题却是:① 公共基础课程教材内容职业教育特色不够突出,专业课程教材内容不能及时有效对接产业发展,滞后于职业岗位人才培养需要;② 以真实生产项目、典型工作任务、案例等为载体组织教学单元的教材较少,影响学生对真实工作任务的系统性掌握;③ 职业院校教材地域特点不够突出,难以精准满足地方技术技能人才培养的需要;④ 以学科知识体系为结构的教材较多,以工作过程和行动导向教学导向的教材少,影响了高效率职业院校课堂教学的开展;⑤ 以固态形式呈现的教材多,以实时调整匹配教学更新的活页式、手册式教材偏少;⑥ 传统纸质教材偏多,适应智慧教学需要基于互联网和融媒体技术发展的电子化教材数量不足。

教育部2019年12月发布《职业院校教材管理办法》,对教材规划、编写、审核、出版等管理作出全面要求,并为教材的改革发展提出了方向。教材决定着课堂教学的内容,也决定着课堂教学方法和教学模式的选择。对应以上教材问题,职业院校必须立足国家政策导向,大力推进教材改革,才能让教材真正成为课堂教学和人才培养的有效载体。

第三是教法(教学方法)改革。教学方法作为课堂教学的运行要素,驱动着教学活动的过程开展,是课堂教学实施过程中的动力因素。据不完全统计,用于课堂教学的方法超过700多种。教师往往会根据课程教学的特点来选择适用的教学方法。同一门课程由不同的教师讲授也会因教学风格差异选用不同的教学方法,正所谓"教无定法"。那么职业教育课堂教法为什么要改革?改革的着力点又在哪?

国家已经将职业教育确定为类型教育,以此来优化和完善职业教育对经济社会的贡献以及实现受教育者的全面发展。职业院校培养的技术技能人才不同于普通高校培养的科学研究型和工程设计类人才,主要从事生产、建设、营销、管理、服务类的一线工作。职业院校培养的人才应对真实职业场景熟悉,进行熟练的技术技能操作,并解决各种发生的现实问题,具有较好的实践操作能力。这种能力的培养不能像普通教育中的课堂一样主要进行理论知识讲解和记忆与思考训练。学生实践能力的获得需要通过大量模仿训练、任务演练甚至项目工作的实战才能获得。但是在多数职业院校的课堂中仍然广泛存在着模仿普通教育，以课堂讲授法为主的方式，不能很好地满足职业院校课堂教学的要求和规律，也不利于学生技术技能的训练和实践能力的培养。

适合职业教育教学的教学方法应对应企业岗位任务、工作过程和职业活动来改革学校课堂的教学方法，通过创设类似企业的工作场景或者在真实的企业场景中，设计符合工作流程的教学项目和任务，让学生在实践过程的体验中学习知识、训练技能，实现生产和服务以及解决实际问题等能力的训练。

同时，数字时代的到来也对课堂教学产生了巨大影响。越来越多的线上教学、网络课堂、虚拟学习空间成为教学开展的新型阵地。数字时代呼唤课堂教学方法改革。2022年教育部把全面启动国家教育数字化战略行动作为一项重大工程，加速推进教育数字化。依托数字技术，职业教育不仅可以实现学校场景资源与企业场景资源、真实场景资源和虚拟场景资源整合，还可以大大拉伸自由自主学习的时空，扩大学习对象范围，基于社群打造更开放、更有效的学习空间。数字技术赋能职业教育教学，对课堂教学方法和教学模式的创新改革带来了新的契机。

因此，不论是来自高质量发展背景下学生职业能力提升的要求，还是来自国家数字化发展战略背景下教育数字化转型的要求，职业院校的教法都应持续深化改革探索，走出一条提高人才培养质量和效率效益的有效路径。

综合以上分析，对教师、教材和教法进行改革就是抓住了职业教育改革的关键点，抓住了提升人才培养质量的方法。越来越多的职业院校正在将推进"三教"改革、加强内涵建设作为提升办学质量和人才培养质量的主要切入点。

第二章

"三教"改革之教师改革

职业院校中的教师主要是指能够从事职业教育课堂教学的教师，包括专业课教师（含实习指导教师）、公共课教师、校内其他承担教学任务的人员、校外兼职教师等。职业院校的教师承担着职业教育赋予的培养高素质劳动者和技术技能人才的责任使命，也承载着来自不同利益主体的期待。进入职业院校学习的学生和家长对职业院校教师的期待是能够德高技强，尊重和关爱学生，能够教给学生就业和发展的本领，帮助学生实现个体成长和社会价值。教育主管部门和职业院校对教师的要求是落实立德树人任务，通过开展校企合作、专业建设、课程建设、教学改革、人才培养模式创新等承担起培养高素质劳动者和技术技能人才的责任，实现职业教育的本体价值和社会价值。

一、职业院校教师改革面临的问题与挑战

（一）实践教学能力方面

职业院校尤其是高职院校教师多是来自高校毕业的研究生。普通高校毕业的研究生在专业理论知识的掌握方面具有一定优势，但往往缺乏行业企业工作经历和职业岗位经验，致使个人业务实践能力和解决一线场景问题的能力严重不足。虽然一些学校已经制定了相关政策引进兼职教师和招聘企业专家扩充到教师队伍中，但现实操作也并不理想，存在着"业务强的企业不舍得放，业务一般的学校不想要"的尴尬。这影响了职业院校教师队伍的合理结构和实践能力水平。

即使对已经入职的教师而言，教学任务重，企业实践锻炼要求落实不足等问题也普遍存在。教育部近年来多项政策强调职业学

校教师5年必须有累计不少于6个月到企业或生产服务一线实践的经历。但在实际操作上也不理想。首先是部分学校对教师企业实践的管理并不规范，对教师企业实践和专业建设课程建设任务的衔接方面要求不够精细，也缺乏细致科学的过程管理，甚至存在"轻实践""假实践"现象，被部分教师当成了类似休假的福利。其次，5年中6个月的实践可以视为最低要求，实际操作中教师要能够很好地紧跟产业企业最新发展，真正熟悉专业岗位的职业能力和素质要求变化，并实现从职业真实场景资源到教学资源的转化往往需要更长的时间以及和企业的深度交流与合作。对于多数职业院校，授课任务繁重也是一个普遍现象。许多新教师还未经过企业实践就需要尽快走上课堂授课。有些师生比不高的专业教师几乎每天都在上课，很难有充足的时间去企业实践。再次，对职业院校来讲，教师企业实践基地数量不充足也是一大困难。一些专业由于没有充足适合的实践基地（企业）导致了实践的随意性和形式化。很多企业并不愿意接收临时来学习实践的教师，所提供的岗位任务非常单一。教师接触到能转化到教学中的职业场景、资源条件等非常受限。有些学校在校内建立起了教师实践基地，但也主要针对部分专业。

综合以上来看，职业院校教师实践教学能力提升的要求依然迫切，这也应该成为教师改革的重点工作。

（二）职业教育教学原理和方法的认知应用方面

职业教育具有不同于普通教育的目标功能、内涵性质、要素特征，应具有典型的教育教学原理和方法论体系。所有从事职业教育的教师都应该熟练掌握职业教育教学原理和方法体系，了解职业教育的功能价值、目标定位、体系构成和发展历程，理解职业教育中的专业设置、课程开发、教学模式、实践组织、校企合作、教师角色、学生特点等原理性知识和相关方法，并能够在教育教学实践中熟练应用这些知识和方法。但是在大多数职业院校中，教师严重缺乏对职业教育教学原理和方法的认知。许多教师不能深刻理解职业教育本质特征，对职业教育教学原理、课程原理、教材原理等认识不足，对课程建设、教材开发、教学实施的科学方法体系掌握不够，以至于不能充分具备职业院校教师的职业能力和素质要求，无法真正满足职业教育教学需要。在职业院校教师素质能力提升的各级各类培训和考核中，这方面的内容设计和实施也远远不够，没有形成真正科学有效的教师素质能力培养培训和考核评价体系。

如在高职院校，新招聘的教师通过培训考核获得从业资格证书。所获证书是高校教师资格证而不是专门的职业教育教师资格证书。高校教师资格认证主要是面向所有普通高校教师开展的教育教学方面的知识培训和考核认证,没有针对职业教育教师的能力资质进行系统的设计要求和考核实施。因此,并不能完全适用于高职院校的教师资质要求。

高职院校应针对这些问题加强对教师的专业化能力培养,聚焦职业教育教学原理和教学方法展开相关培训。这里要注意:针对职业院校教师开展职业教育教学方法培训并不是抛弃一般教育教学中的原理和方法,而是要在继承一般教育教学理论和方法的基础上,更加突出职业教育的类型需要。所有职业院校教师都应学会立足职业教育特点,分析职业教育教学的要素构成和底层逻辑,应用更具有适切性的职业教育教学理论和方法。

在一些通用性的教学理念方面,职业教育教学的特征要求也会更加突出。如在师生教学关系方面,以学生为中心的教育教学理念被教育界广泛接受。基于此理念,学校师生之间的教学关系得以重塑,教学效果及教育效力得到显著提高。对职业教育而言,培养学生对技术技能的掌握应用要远高于对理论知识的掌握意义。职业技能的培养恰恰是需要学生本身经过大量的动手实践和技能训练才能形成。所以,以学生为中心开展教学的意义不言而喻。职业院校应将课堂还给学生,让学生做课堂的主人。教师作为组织者、引导者组织教学活动和项目任务,引导学生学习讨论,完成个体和小组的知识构建和能力养成。在实践教学的场景下,教师不仅是传道授业解惑的主体,也更是传授岗位技能和工作经验的师傅。所以,职业教育教学中的师生关系具有不同于普通教育的特点。所有教师都应该正视这样的特点,并致力于构建更为科学、和谐的师生教学关系。

(三)基于校企合作开展教育教学方面

产教融合、校企合作是我国职业教育的基本办学模式,是职业教育实现高质量教学和高素质技术技能人才培养的关键。德国和英国的职业教育的典型特点是学徒制实施,学习者主要的时间(比如80%)都是在企业中进行学习,少量的时间在学校学习或者通过远程教育学习课程。这种模式对于学习者来说可以提供足够丰富的职业岗位学习场景。而对于我国职业院校教学来讲,受制于办学规模和学习条件,在企业实境中进行学习的模式运行存在一些困难。大多数职业院校很难提供做中学、学中做的真实职业场景。为克服这些困难,培养出契合职业岗位要求的学生技能和素质,产教融合、校企合作已经成为职业院校教育教学改革发展最主要的抓手。

校企合作应该贯穿职业院校教育教学所有活动,包括从专业设置到人才培养目标确定、人才培养方案制定、课程体系构建、课程资源建设、专业教材开发、教学过程实施、教学效果评价等所有环节。从国内职业院校的整体发展来看,各职业院校都非常注重产教融合、校企合作,并在人才培养和教育教学环节都积极吸纳企业元素。但不可否认的是,学校和企业两个主体,教师和企业员工两种角色,学校实践教学和企业真实工作两类业务,办学体制中存在天然的校企边界。校企两类主体意识的存在也制约了校企融合的深度。如教学环节和教学资源的开发过程中,如何能够充分调动企业积极性,如何吸引企业专家对教学投入的热情,如何更有效地开展与企业专家的合作,如何协同企业专家开展有效的教学评价,如何进行教学职责和教学效益的共享。这一系列问题也是摆在职业院校广大教师面前的挑战。而这一系列问题不仅是给职业院校教师带来的难题也是给职业院校带来的难题,既需要提升教师合作企业实施教育教学全过程的能力,又需要学校甚至主管部门系列政策措施的保障和激励。

作为教师,将更多的企业元素如职业能力标准、岗位任务、工作技术和流程规范、生产或服务项目以及各类业务事件处理等引入教学是提升职业教育教学效能的关键。教师也应形成与企业专家合作开展教学的能力,合作搭建教育教学平台、合作进行教学资源开发、合作开展人才培养效果评价等方面的能力。这些能力并非一开展合作就有,需要经过系统学习反思以及通过合作工作锻炼能力形成的过程。职业院校需要对教师的校企合作能力进行明确,并建立起一套校企合作能力的培训机制,确保作为合作主体在实施校企合作时能够获得最佳效果。

(四)教学研究和改革方面

职业院校教师的教学研究和改革能力是识别教育教学问题、解决问题和实现创新突破的关键能力,是提升职业院校高质量发展目标的核心动力。但是在此方面,职业院校教师也面临典型的问题。

首先,没有把职业教育类型化作为教学研究与改革的原点。职业教育明确成为类型教育后,教师开展职业教育教学研究和教学改革首先要明确的就是职业教育与普通教育的根本区别。大多数教师来自高等教育学校,在教学中自然也继承了对普通高等教育教学的惯性,容易形成模仿普通教育的传统做法,这不利于职业教育教学工作的开展。职业教育研究和改革应该对标职业教育教学目标、本质内涵和需求特点,形成类型化的教学研究和改革思维。

这是职业院校教师推进研究改革时首先要树立的观念,也是开展一切教研教改活动的原点。但在现实中,多数职业院校教师容易陷入普通教育教学的经验主义,很少能够立足于这个原点去展开研究探讨。

其次,不能很好地识别职业教育教学中丰富的课题来源。专业设置、人才培养体系、人才培养模式、课程建设、教材开发、课堂教学、实训教学、教学信息化、教学评价等各个方面都需要持续地研究和改革实践。教师在开展这些教育教学工作中碰到的各类问题都可以成为研究和改革选题的来源,有的问题具有普遍性,有的问题具有特殊性。普遍性问题影响面广,如果经过研究改革取得问题的解决和方法模式以及效果的突破,研究的意义大,成果的推广价值也较高。比如产教融合、校企合作中解决企业积极性不高的问题,课堂教学中提升学生学习效率效果的问题,教师实践能力提高的问题等等。即使是新出现的较为特殊的问题,如果在正常的运行系统中发生,那么对其原因分析和问题矫正进行研究也可能具有较为重要的意义。可能是不完善的政策制度或者运行模式方法产生的意外因素,对这些问题进行深入的研究分析能够修补职业教育教学运行机制中的漏洞,完善运行机制。如果有的教育教学问题是部分学生或教师个体产生的特殊情况,可以做个例研究,也可以通过将问题合并归类再行研究,实现职业教育的以人为本和教育的公平价值。比如"职业院校学生心理疏导的个例研究""职业技能大赛获奖选手成长发展个例研究"等等。所以,职业教育教学中具有丰富的课题来源和研究改革的内容。职业院校教师要形成一种善于从教育教学实践中观察和发现问题并提取为研究课题的能力。

根据知网搜索较为宽泛的关键字"职业教育"并选定发表单位为"职业院校"的搜索条件,得出如下结果:从2000年到2023年期间,虽然国家持续不断大力支持职业教育发展,但职业院校教师发表的教研教改论文总量只有约3万篇。论证中主要研究主题领域虽然覆盖校企合作、现代学徒制、课程体系、人才培养模式、教学改革等多个维度,但对于各个维度下的具体问题的进一步细分维度不够。次要研究主题集中在人才培养方案、课程体系、教学模式、工学结合等方面,次要主题的细分粒度不够。这些问题表明:教师们在教研教改问题的提取能力方面还较为薄弱,一些研究对职业教育教学实践中深刻且具体的问题研究还不够充分。

再次,职业院校教师教学研究和改革方法论方面的能力欠缺。虽然多数职业院校的教师经过了研究生阶段的学历教育,具备了一定的科研能力,并且在工作实践中逐步提高研究能力,但根据对国内11所职业院校的不完全统计,约有80%的教师并不掌握较为完整的教育科研方法,甚至约有50%的教师并没有发表过任何教研教改的论文。教师的研究主要集中在对教育教学实践探索的归纳方面,理论研究和深度的应用研究较少。应用研究中主要集中在政策研究、管理研究等方面,对于统计、比较、实证等方面的研究创新鲜有提及。这也表明了职业院校教师在教学研究和改革方法论方面的能力不足。

职业院校教师对职业教育教学研究要特别突出实践性研究,要善于从教育教学的实践中发现问题,并研究契合研究问题的方法选择和改造,对症治疗,提升研究方法和技术,才能发现职业教育教学的规律和科学,从而更好地推进职业教育研究的发展。

(五)技术研发创新及技术技能服务方面

对于大多数职业院校的教师而言,专业应用能力主要体现在课程教学工作中,在专业领域开展科研创新和技术研发的难度较大。

首先是平台欠缺。和许多普通本科高校相比,多数的职业院校在专业化的科学研究平台和技术研发平台方面较为欠缺。职业院校教师在一些国家、地方垂直科研项目和经费资助的申请竞争力上也远不如普通本科院校的科研人员或科研团队,难以拿到高质量的科研平台和项目资助机会。来自学校和社会的经费投入方面远远不足。缺少充足的科研经费,因此很多专业领域的技术研发和科研创新无法有效开展。

其次是组织欠缺。职业院校科研团队和科研工作的组织方面较为欠缺。职业院校的教师往往在课程教学和专业建设等方面工作量大,负担较重,很难有充足的时间和精力投入到科学研究和技术技能的研发上。很多教师对科研工作重视也不够,开展科研工作的能力也不足。同时学校科研管理部门和二级教学单位也因为没有充足的科研项目和科研团队管理的经验,科研工作的专业化组织管理方面较为欠缺。因此,职业院校中的科研团队组建和高效运行较有难度。

再次是与企业对接不足。职业院校的科研工作应密切对接产业企业。职业院校的科研工作突出体现在产品和技术研发、技术技能创新与服务、流程和模式创新与服务等方面。但职业院校很少能像本科院校及科研院所那样成为科研和技术创新的主要力量,很难掌握核心或第一手的科研技术转化来源,因此在科学技术的应用转化及社会生产改造方面较为滞后。同时,职业院校和产业企业的科研创新对接不够深入,学校教师往往缺乏一手的科研和创新素材,难以从生产实践和服务实践中提取真正有效的需求。国内一些职业院校近年来开始协同产业企业、科研院校等搭建一些专业协同创新平台,平台功能的发挥还有待于进一步挖掘和完善。

在专业领域的科学研究和技术创新方面有着较为明显的差距,也会导致技术研发和创新能力不足,服务企业行业的水平不够。

(六)职业素养方面

从教育活动本身来看,教师开展教育教学工作的过程不仅是教师面向学生传递知识、培养能力的过程,也是面向学生传递道德、情感、人格等隐性课程要素的过程。教师自身的职业态度、道德品质、人格魅力等在教学过程中具有教育工具化的功能,直接熏陶和影响着学生的模仿和品质内化。所以,学生的素质培养要取决于教师的素质水平。和通过高考升入普通本科院校的学生相比,大部分职业院校的学生还背负中高考失利的压力和自卑感,教师不仅要传授其专业知识和技术技能,还要全方位地引导教育学生、塑造学生,使其具备从事某种职业或者实现职业发展所需要的职业道德、科学文化与专业知识、技术技能等职业综合素质和行动能力,成为对社会主义经济发展有用的人才。只有更高素质的教师才能培养出高素质的学生。教师的高素质体现在具有良好的职业素养方面。

职业院校教师的职业素养也具有一些不同于普通院校教师的类型特征。比如在技能素养方面更强调的"技"高一筹,在专业实践技能和社会服务方面具有更精益求精的工匠精神和勤奋钻研的劳动精神。伴随着生产力的发展,社会和教育的需求也发生变化,职业院校教师职业素养内容也不断更新完善。尤其在当下新时代的职业教育中,职业院校教师既要遵循一般的教师道德规范,又要遵循科学的职业教育教学规律,热爱职业教育,尊重和关心学生的成长发展,不仅要传授技术技能还要帮助学生树立参与职业岗位工作劳动的自信心和正确的劳动观,培养精益求精的工匠精神,时刻关注产业行业发展,具有创新创业的意识和精神,带动学生的创造性和创新性。

伴随时代的发展、教育的进步、政策的引导、系列培训工作的推进,职业院校教师的职业素养越来越高。但是在新时期教师的职业道德和素养建设也面临一些问题和挑战。在教学方面,一些担当意识不强,教学敷衍,发表错误观点等情况还没有完全消失;有些教师主要关注工作量报酬,承担了大量课时教学,也制造了大量缺乏充分教研和精心设计的"水课"。在学术风气方面,一些急功近利、浮躁浮夸,甚至抄袭剽窃、买卖论文等现象依然存在;有的教师为了在考核评比、职称评聘中胜出,过度关注成果性指标,失去了对教学工作踏实研究的工匠精神和甘于奉献教育的美好初心,成为精致的利己主义者。在思想道德方面,也有一些骚扰学生,收受家长、学生礼品礼金等不当行为见诸媒体。这些现象严重败坏了教师形象,引发民众对我国教育的信任危机。

近年来国家高度重视师德师风专题培训,但教师对此类培训主动参训的意识不强。一方面是因为教师认为个人品德过关,无需经过培训证明具备职业道德。另一方面主要是因为很多教师对师德师风、职业素养的内涵没有形成系统深刻的认识,缺乏完整的理解和科学的方法训练。实际上,教师的职业素养以及师德师风的专题培训不是简单的强加说教,而是对教师职业素养和道德规范的进一步明确,对教师工作内容和教育教学活动开展方法的进一步指导与落实,将更有助于人才培养质量的提升和个人职业生涯的发展。

好老师不是天生的,而是在教学管理实践中、在教育改革发展中锻炼成长起来的。教师要充分认识优秀的职业素养、师德师风不仅是教育使命价值的需要,是时代发展的需要,还是促进自我完善的需要。教师应该充分提高对自身教学素质的认识和判定,完善立德树人任务下的教学理念,研究如何润物细无声将优秀的品德素质传递给学生,把教书育人和自我修养结合起来,做到以德立身、以德立学、以德施教,成为"四有"好老师和促进学生全面发展成长的大先生、大师傅。

(七)对政策文件的认识、理解和落实方面

政策是应对和解决特定存在问题的基本做法,是政府、机构和各类组织为应对各领域存在和产生的各种问题给出问题解决的路线、方针、规范和措施的总称。职业教育领域的政策是面向职业教育领域为实现一定的目标任务制定和实施的行动指导原则与准则。政策是治理工具也是通行做法,一般包括指导意见、方案、办法、标准等制度文件。职业教育相关政策的目标旨在保障及促进职业教育的健康发展。同时,职业教育领域的政策还具有规范性的价值,能够对职业教育的发展框架、工作实施进行设计并可能通过提供标准规范产生保障和约束作用。广义上讲,法律也是政策的一个重要组成部分。我国职业教育法也是国家职业教育的政策内容。

自新中国成立以来,党中央、国务院一向重视职业教育,先后出台了各类意见、办法等政策文件来促进职业教育改革发展。如国务院2002年颁发《关

于大力推进职业教育改革与发展的决定》，2005年印发《关于大力发展职业教育的决定》，2014年出台《关于加快发展现代职业教育的决定》，2019年印发《国家职业教育改革实施方案》，2021年印发《关于推动现代职业教育高质量发展的意见》，2022年印发《关于深化现代职业教育体系建设改革的意见》》等重大改革发展文件，持续推进职业教育改革发展的力度，为我国职业教育大改革、大发展创造历史机遇。教育部及相关部门也从总体规划、高水平学校建设、学分制、职业资格证书、教师素质提升、课程教材、校企合作、培训就业等不同的方面出台意见、方案、办法等，全面推进职业教育各项改革工作的开展，合力推动我国职业教育发展不断迈向新台阶。各省市区域也根据当地职业教育发展需要制定工作规划、指导意见、实施方案等。各级各类政策文件的制定实施不仅为全国职业教育提供了强有力的保障，也为职业教育的蓬勃发展注入了活力，为加强实践探索推动中国形成独具特色的现代职业教育发展范式发挥了关键作用。

  有些教师认为职业教育相关的政策主要针对职业教育的宏观发展并引导职业学校办学，与教师个人的教育教学直接关系不大。实际上这种观点是错误的。对职业教育政策的解读和实施是每一位从事职业教育的教师应该具有的能力。正确看待相关政策的促进作用和规范价值并在具体的工作中落实好相关政策文件对教师良好的职业生涯发展具有重要意义。如《中华人民共和国职业教育法》从法理上对职业教育的定位作用和关键要素等方面进行规定和约束，是国家职业教育发展的根本依据，不仅对学校办学提供了法律依据，也对职业教育的类型定位、发展就业、社会参与等提供了可靠依据。《国家职业教育改革实施方案》《关于推动现代职业教育高质量发展的意见》等文件能够帮助教师了解国家职业教育的定位、改革发展的方向并且掌握国家职业教育拟重点改革的领域和推进实施的工作。教师在对这些政策理解和落实的基础上既可以将自己的工作与政策要求结合起来，精准地确定教育教学工作的方向和思路，又可以通过参与改革过程，获得工作上的激励，确立起教师从事职业教育教学工作的职业自信。职业教育专业目录、专业教学标准、专业岗位实习标准等为职业教育人才培养提供标准规范，是教师在开展人才培养工作中必须落实的基本标准。还有些特定问题应对的相关政策如《关于全面深化新时代教师队伍建设改革的意见》规划如何提高职业院校教师质量，深化新时代职业教育"双师型"教师队伍建设改革实施方案、职业教育"双师型"教师基本标准面向职业院校专业教师需要具备的"双师"职业能力进行改革方案和标准的设定;《职业院校教材管理办法》《"十四五"职业教育规划教材建设实施方案》等教材类政策文件的落实为教师在选用和建设教材等方面提供了工作依据。《高等学校课程思政建设指导纲要》为教师开展课程思政建设和通过课程落实立德树人根本任务提供了指导和依据。

作为职业院校教师,政策是保障,是激励,是指导,也是思路方向。教师不仅要了解政策、吃透政策,也要善用政策,落实政策要求,发挥政策的效力。如果缺乏对于职业教育发展历程和各级各类政策文件的认识和理解,很难对职业教育的发展形成完整认识和总体格局,难以把握职业教育教学的正向政策激励和个人工作的正确方向。

二、职业院校推进教师工作改革的进路

对职业院校而言,教师工作包括教师招聘、入职培训、岗位分配、能力发展培训、企业实践管理、专业技术职务评聘和绩效考核、兼职教师聘用、先优评选、教师团队建设等工作。职业院校教师工作改革的主要目标是提升教师的师德师风素质和教育教学水平,并打造专兼结合的优质教师队伍。教师改革工作应以落实立德树人根本任务为核心,立足教师职业发展,在国家政策和学校办学需求的约束下对教师工作进行改革。贯穿教师招聘、培训培养、团队打造、激励约束、评优评聘、离职退休等环节进行生命周期管理,通过打造教师职业发展平台、完善建立教师发展体制机制,实现和保障教师职业能力提升和人力资源管理目标。

要做好教师改革工作,职业院校在工作逻辑上要立足教师改革需求,贯穿教师工作链条进行改革。在具体改革工作内容的推进上还要从落实政策文件、改革教师招聘、完善教师素质能力标准、做好教师能力提升培训、完善教学团队建设和改革教师激励机制等方面全面发力。

(一)落实好相关政策文件

职业院校教师工作相关文件(见表2-1)既有《中华人民共和国职业教育法》《高等学校教师职业道德规范》等法律规定,也有《国家职业教育改革实施方案》《关于推动现代职业教育高质量发展的意见》《关于深化现代职业教育体系建设改革的意见》等综合性改革发展方案,以及促进师德师风、双师型教师发展、教学队伍建设、企业实践、教师能力提升培训等专项政策规定及改革发展文件,也有"全国高校黄大年式教师团队""'万人计划'教学名师""全国优秀教师""全国教书育人楷模""教师教学创新团队""高等学校教学名师"等

项目荣誉评选。

表2-1 职业院校教师工作相关文件

序号	文件名称	文号	文件对教师工作的功能	发布时间
1	《中华人民共和国职业教育法》	/	法律规范	2022年4月
2	《高等学校教师职业道德规范》	教人〔2011〕11号	法律规范	2011年12月
3	《新时代高校教师职业行为十项准则》	教师〔2018〕16号	法律规范	2018年11月
4	《国家职业教育改革实施方案》	国发〔2019〕4号	总体改革方向	2019年1月
5	《中共中央办公厅 国务院办公厅关于推动现代职业教育高质量发展的意见》	/	总体改革方向	2021年10月
6	《中共中央办公厅 国务院办公厅关于深化现代职业教育体系建设改革的意见》	/	总体改革方向	2022年12月
7	《职业学校教师企业实践规定》	教师〔2016〕3号	专项文件——企业实践规定	2016年5月
8	《教育部关于开展全国高校黄大年式教师团队创建活动的通知》	教师〔2017〕7号	专项文件——团队创建项目	2017年7月
9	《深化新时代职业教育"双师型"教师队伍建设改革实施方案》	教师〔2019〕6号	专项文件——教师队伍建设方案	2019年8月
10	《全国职业院校教师教学创新团队建设方案》	教师函〔2019〕4号	专项文件——教师团队建设方案	2019年5月
11	《关于加强和改进新时代师德师风建设的意见》	教师〔2019〕10号	专项文件——师德师风建设意见	2019年12月
12	《中共中央 国务院关于全面深化新时代教师队伍建设改革的意见》	/	专项文件——队伍建设改革指导意见	2018年1月
13	《关于加强新时代高校教师队伍建设改革的指导意见》	教师〔2020〕10号	专项文件——队伍建设改革指导意见	2021年1月

续表

序号	文件名称	文号	文件对教师工作的功能	发布时间
14	《职业院校教师素质提高计划（2021—2025年）》	教师函〔2021〕6号	专项文件——教师素质提高	2021年9月
15	《关于开展职业教育教师队伍能力提升行动的通知》	教师厅函〔2022〕8号	专项文件——教师能力提升	2022年5月
16	《关于做好职业教育"双师型"教师认定工作的通知》[《职业教育"双师型"教师基本标准（试行）》]	教师厅〔2022〕2号	专项文件——双师教师认定/标准	2022年10月

综合性国家制度文件方面：在《国家职业教育改革实施方案》提出要多措并举打造"双师型"教师队伍，从专业教师放宽学历和企业招聘、职业技术师范院校建设、教师素质提高计划和培养培训基地建设、教师企业实训、教学创新团队、兼职教师聘任、校企合作推动绩效工资改革等方面提出了要求；在《关于推动现代职业教育高质量发展的意见》中，指出强化"双师型"教师队伍建设是深化教育教学改革的主要内容之一，要加强师德师风建设、完善职业教育教师资格认定制度、制定"双师型"标准、教师招聘、专业技术职务评聘和绩效考核标准、加强教师企业实践等；在《关于深化现代职业教育体系建设改革的意见》中，指出加强"双师型"教师队伍建设是持续推进现代职业教育体系建设改革的重点工作，内容主要包含师德师风建设、"双师型"教师培养培训基地建设、职业教育师资培养课程体系建设、学历提升行动、名师（名匠）名校长培养、行业企业优秀人才招聘等方面。三个文件分别从职业教育整体改革、高质量发展和深化职业教育体系建设三个角度对职业院校教师工作和改革的内容进行了设计和要求，为职业院校树立正确的教师工作方向做了明确，并为各院校制定具体的教师发展和管理制度方案、推动教师工作开展、提升师资队伍水平、评价教师工作成效以及完善学校治理体系建设提供依据和借鉴。

教师工作专项文件方面：《关于加强和改进新时代师德师风建设的意见》对教师师德师风建设从思想政治工作、职业道德素养、要求贯穿全过程、尊师重教氛围营造和建设任务落实方面提出了指导；《职业学校教师企业实践规定》对职业学校专业课教师（含实习指导教师）企业实践的内容和形式、组织和管理、保障措施、考核与奖惩等进行了规定；《深化新时代职业教育"双师型"教师队伍建设改革实施方案》提出从教师专业标准体系建设、新教师准入制度改革、多元培养培训格局构建、高水平结构化教师教学创新团队创建、校企交流协作共同体建立及教师考核评价改革等方面进行改革实施;《职业教育"双师型"教师基本标准(试行)》为各省级教育行政部门和各职业院校标准的制定、细化和实施提供了参照,并规定认定主体制定的认定标准不低于国家规定的基本标准。

以上系列政策文件的制定为职业院校教师工作的改革发展提供了指导思路和规范依据,是职业院校在开展教师相关工作时把握方向、找准重点的关键。

然而职业院校在政策落实方面也存在一些问题:如对政策的深入研究和理解把握不够,在落实方面不够到位;没有系统化地将政策文件纳入学校的管理制度完善和教师工作运行中;也有的学校缺乏对上级政策文件和学校实际情况结合落实的具体方案,只是简单对上级文件照抄搬用;有的学校由于没有对政策落实的监督和评价机制,没能将政策制度优势转化为高效的学校改革驱动力,成为提升学校整体发展的有效力量。

职业院校在实施教师工作改革时可按照"学习领悟——研究落实——设计方案——工作实施——监督评价——反思改进"六个步骤做好政策落实相关工作。

① 学习领悟是通过组织学习文件和专家解读深刻理解悟透政策精神;

② 研究落实是教师工作相关的责任部门要通透研究如何将政策文件进行落实;

③ 设计方案是指学校相关部门协同二级教学单位在吃透文件和充分对学校和相关学校调研的基础上,系统设计本校的政策制度,制定教师队伍建设工作方案及有关工作要求与标准;

④ 工作实施是指学校相关部门协同二级教学单位按照计划、步骤开展好教师工作的各项改革项目推进,并搭建高效的信息化管理平台,做好教师工作业务的管理和数据采集与分析等工作;

⑤ 监督评价是指对教师工作的实施成效进行监督评价。通过加强教师激励、全程管理和评价考核教师促进相关部门和教师主体参与改革发展工作的积极性;

⑥ 反思改进是指对各项教师改革工作都要进行运行后的反思和改进,提出更加科学有效的教师队伍建设与改革工作方案。

各职业院校要高度重视对国家及所属省市政策文件的落实，并在政策文件规定的基础上结合学校实际制定和完善学校的工作方案并进行工作实施与评测控制。

（二）改革教师招聘工作

在《国家职业教育改革实施方案》《关于深化现代职业教育体系建设改革的意见》等文件中，国家对职业院校教师招聘改革提出了方向，提出职业院校相关专业教师原则上从具有3年以上企业工作经历并具有高职以上学历的人员中公开招聘，特殊高技能人才（含具有高级工以上职业资格人员）可适当放宽学历要求。这意味着职业院校在教师招聘来源和条件方面发生了变化。专业教师将主要从具有3年以上企业工作经历的人员中选聘。一个具有高职及以上学历的毕业生，在企业工作3年以上就有可能获得进入职业院校从教的机会。此项政策放宽不仅有助于推进职业院校师资结构的优化和业务实践水平的提升，而且为来自行业企业的优秀技术技能和管理服务人才投身教育事业提供了途径，还可以为职业院校学生认识到职业教育大有可为，对未来职业无限可能具备了信心。国家政策层面支持职业院校设置灵活的用人机制，可以采用固定岗与流动岗相结合聘用教师。来自行业企业的工程技术人员、高技能人才、管理人员、能工巧匠等都可以满足一定条件下被选聘到学校的教学岗位中来，参与职业院校的专业设置、课程教学、人才培养改革及科学研究等工作。

那么学校如何才能更好地落实改革方向和完善教师招聘工作呢？前面提到的改革教师招聘的政策只是给出了来源（企业）、学历（高职以上）、年限（3年以上）这些最基础的标准。满足这个标准的企业人员会很多，学校要想真正招聘到满意的企业优秀人才来校执教，还需要进一步完善学校从企业中招聘教师的聘用条件标准和评价程序。

与从高校毕业生来源招聘不同，从企业中招聘专业教师更加突出教师企业岗位实践获得的专业实践能力和水平，以及将这些能力水平转化到教学岗位中的能力。因为具有企业实践背景和岗位职业能力强的教师往往在实践教学和指导学生技能大赛及创新创业方面更具有优势，在企业实际案例和教学项目的开发方面更具有基础，在技术技能创新和服务企业方面更有经验。

在招聘企业人才时要立足专业师资团队的结构化需要，制定出专业岗位招聘的标准条件。招聘的标准条件最好能够整体反映出对招聘人员的教育教学工作的热爱、教师基础素质、企业工作经验、学历、岗位实践能力、身体条件等方面的要求,重点反映出对企业人才在技术技能水平和管理服务水平上的要求,并在实施招聘的过程中能够对报名人员进行条件的审核和分级选拔的实践能力考核评价。考核的实施当然也需要一个评分标准,能够立足此标准通过考核过程客观真实地反映出应聘人员的能力水平差异,选拔出真正优秀的人才。完成招聘后,用人教学单位也需要在后续的工作中对选聘的人员进行跟踪,验证招聘标准的效果,并根据效果情况进行下一轮专业教师招聘工作的改进。

对于兼职教师流动岗的招聘也要制定标准条件,并根据专业教学的需求特点制定选聘内容和方法,严格按照程序组织聘用过程。学校要和行业企业建立协作关系和常态化信息交流机制,动态发布兼职教师需求信息,丰富兼职教师聘用渠道,建设满足一定比例的兼职教师资源库,按照专业需求进行分级分类管理,将优秀的企业专家引入职业教育教学的队伍中来。

当然,职业院校在选聘优秀企业人员时也面临一些问题,比如特别优秀的企业人才可能因为待遇问题不愿意来学校从教,学校在招揽到具有高超技术技能或优秀服务管理水平的人才方面具有较大难度。这需要学校在人员的聘用类型、岗位和待遇等方面进行有效沟通。来自企业的专业人员可能在专业实践能力水平方面较好,但在教学岗位职责履行方面欠缺理论和方法论的基础。学校要在其转换成教师岗位的过程中加强培训培养,提升教学能力水平。

(三)完善教师改革工作标准

对致力于职业教育的每一位教师来讲,能够得到良好的职业生涯发展是所有人最重要的追求。教师不仅希望得到好的学校平台,在良好的制度环境和积极氛围中工作发展,也希望自己的每一步工作发展都能得到有效的指导和衡量,以便于个人对自己的价值定位和改进方向有明确的认识和决策。也就是说,教师发展工作需要有一些指标或者指标群,可以指导教师明确个人素质能力提升方向,可以判定教师教育教学达成的质量水平,可以评价教师对教育教学事业的贡献,可以促使教师定位高远、追求更高层级的个人价值。通过制定一系列良好的工作标准可以帮助教师"定方向——判质量——评贡献——促发展",良好的职业生涯过程获得驱动。职业院校在教师工作改革中应着力构建完善的教师工作标准体系,为教师的各项工作发展、各阶段工作发展提供好可供借鉴和依赖的标准,实现以人为本,成就师生健康发展的良好生态。

教师工作领域的标准应覆盖教师职业生涯的各个阶段,从招聘入职到教学生涯贯穿再到退休时的整体评价。职业院校应把教师职业生涯过程的各项工作标准制度进行完善。结合职业教育对教师的要求和教师本体要素来看,教师工作相关的标准应该包含:良好的思想道德素质、较高的专业知识和能力水平、较好的教学理论和方法水平、较好的研发与服务能力以及较高的教育教学管理与组织能力、良好的沟通与团队协作能力等。当然,在不同的学校,在教师不同的成长阶段和在不同的评价项目中,各类要素的要求特征也会动态变化。

立足教师成长阶段的需要,职业院校可以制定教师的招聘标准、初级教师的素质能力标准、熟练型教师的素质能力标准、高级教师的素质能力标准(或者按照职称阶段制定素质能力标准)、教师在不同阶段的晋级标准等。

围绕职业院校教师相关的特定考核评价项目,可以制定师德师风评价标准、"双师型"教师标准、数字素养标准、职业行为规范标准、企业实践考核标准、培训培养标准、绩效考核标准、教学团队建设标准、科研团队建设标准等。

制定各类教师优秀评选标准,如制定学校优秀教师、教学名师、技能名师、工匠之师或者教学、科研、社会服务方面的先进个人评选标准等。

当然,以上标准的制定也并非一定要严格独立区分,各职业院校对具体的政策制定和工作范畴界定不同,也会对标准进行不一样的划分和内容整合。比如有学校可以制定单独的师德师风标准来强化师德师风建设工作,有的学校在师德师风建设基础优良的情况下注重将师德师风结合到各项具体的教育教学工作和各类考核评价中去。

(四)做好教师素质能力提升培训

教师是教育发展的第一资源。在职业教育进入新阶段后,新发展、新使命带来新挑战,高质量的教师队伍建设是职业教育高质量发展的关键动力。教育者必先受教,做好教师素质能力提升培训工作是职业院校教师改革的关键工作。

1. 培养教师树立发展新理念

职业院校教师改革应注重以人为本的理念。教师是培养学生、落实立德树人根本任务的承担者,也是教育教学事业发展的主人翁。职业院校要突出教师的主体地位和作用发挥,维护教师的职业尊严和合法权益,关心教师的身心健康和职业发展,激发教师的工作热情和价值动力。教师发展要有系统设计、持续提升的理念。围绕职业教育发展新要求,明确教师素质能力发展的标准,制定/订教师培养培训工作规划和年度工作计划,持续开展教师素质能力提升相关工作,做好教师在师德师风、课堂教学、课程建设、专业建设、教科研发展等方面的培训工作,全面提升教师在教育教学、科研创新、社会服务等方面的能力。教师改革要有产教融合、校企合作的理念。优秀的专业实践能力一定来自企业真实岗位的学习锻炼。因此,职业院校不仅要严格落实国家对教师每年至少1个月的企业实践要求,完善学校对教师企业实践的保障运行,还要协同地方优质企业为教师搭建实践基地和协作平台,为教师提供更多优质资源和选择空间。通过固定岗和流动岗结合的方式引进企业工程技术人员、高技能人才、管理人员等来校兼职任教、合作技术技能研发、参与教学改革项目,形成校企共建、专兼结合的教师团队。教师改革要有数字化发展理念。互联网络、大数据和人工智能技术等显著赋能教师教育教学能力提升,重塑教师角色属性和能力结构,创新教育教学生态。职业院校在教师改革工作中应着力推动教师数字化发展理念形成。通过搭建数字化、智慧化学习系统,整合各类资源和软件工具,系统集成对教师素质能力发展的数据化管理和成长跟踪。构建教师能力发展数字档案,形成实现教师能力发展学分和成果银行,对教师素质能力发展的全流程进行数字化管理和与教师素质能力标准的测评对照。

2. 完善教师素质能力提升机制

(1) 制定完善学校教师素质能力提升规划及工作方案。按照职业教育发展要求和学校发展总体规划落实教师素质能力发展规划,明确在一段时间(如3或5年)内教师素质能力提升的总体目标原则、重点工作内容,并根据教师专业发展不同阶段的需求,分层分类,精准施策,科学制定具体方案和年度任务部署,设计保障措施并进行评价监督。

(2) 完善教师素质能力提升培训的过程管理和诊断机制。结合教师专业素质和能力发展相关标准设计培训培养内容,将培训纳入教师绩效考核及评优评选项目中。完善培训流程管理,研制学校教师培训学时学分管理办法,制定培训学习管理流程和学习成果评价办法,加强研讨机制,并借助信息化平台和统计分析工具对教师培训工作进行诊断改进,推进教师培训工作的规范化建设。

(3) 完善教师素质能力提升培训的考核机制。健全考核评价机制,采取调研观察、监测评估、第三方评估等方式,对教师素质能力提升开展学习质量监测考核、调研跟踪问效,提升培训质量与效益。考核结果作为教师考评和工作调整的重要参考。

（4）健全校企合作师资水平发展机制。将教师企业实践、校企人员双向流动互相兼职、教学团队共建等纳入校企合作的常态化运行管理，通过完善教师企业实践、教师培训基地建设等体制机制建设来落实产教融合、校企合作理念，并进一步推动完善政府、行业企业、学校、社会等多方参与的教师培养培训机制。

3. 优化教师素质能力培训内容

职业院校应围绕服务人才培养要求以及职业教育高质量发展要求对教师培训内容进行设计。落实教师发展相关政策，深化新时代教师队伍建设改革，全面推进教师师德师风、教学科研、专业建设及社会服务等业务能力的提升培训。

将思想政治教育和师德师风建设确定为教师素质提升培训的必修内容。按照习近平总书记关于教育的重要论述和全国教育大会精神，立德树人成效是检验学校一切工作的根本标准。学校应使广大教师增进对中国特色社会主义的政治认同、思想认同、理论认同、情感认同。各职业院校应全面落实教育部等七部门印发的《关于加强和改进新时代师德师风建设的意见》，系统化、常态化组织教师对习近平新时代中国特色社会主义思想进行学习，定期开展教师思想政治轮训，使广大教师能够更好地认清中国和世界发展大势，树牢"四个意识"、坚定"四个自信"、做到"两个维护"，大力提升教师职业道德素养。学校在对教师开展的培训中要确保每学年有师德师风专题教育，并引导教师依托课堂主渠道开展课程思政教育，将高尚的道德情操融入教育教学的实践过程中。将师德师风教育贯穿教师生涯全过程。组织教师学习《中华人民共和国教师法》《中华人民共和国职业教育法》《新时代教师职业行为十项准则》等系列文件，加强警示教育，全面增强教师的法制素养和规则意识，提升依法执教、规范执教能力，并引导教师自重自省、自警自励，坚守师德底线。

科学设计教师专业素质能力提升培训内容。当今世界，新产业、新技术、新工艺、新模式等不断出现，社会经济增长动能不断积聚。为深度契合产业经济发展带来的新挑战，职业教育不断改革发展。2019年《国家职业教育改革实施方案》将职业教育确定为一种类型教育，类型体系的构建成为职业教育近年发展的主要任务。2021年教育部组织对职业教育专业目录进行了全面修（制）订，形成了《职业教育专业目录（2021年）》，并已经组织修（制）订专业教学标准,通过动态更新职业教育专业和精准厘定专业教学标准,来推动职业教育人才培养对产业的深度契合。为适应形势变化,职业院校教师不仅要动态更新专业知识结构,持续提高发展变化的专业实践能力,还要不断学习行业职业岗位新标准和职业教育教学新标准。除了组织教师企业实践工作,职业院校应为教师专业素质和能力的提升培训进行统一规划、系统设计,在职业教育"国培""省培"的基础上加强校本培训,联合社会培训,搭建起"国培＋省培＋校培＋社培"的培训教育体系。将专业目录和专业内涵、系列新标准(职业标准、教学标准、职业技能等级证书标准等)、行业企业新技术、新规则、新模式等内容纳入教师培训必修模块,提升个人的专业知识和实践技能,全面提升教师专业素质能力。

着力加强教师教育教学能力提升培训内容。职业教育强调学生实践能力的培养,强调校企合作的教学建设和教学开展。因此,职业院校教师教育教学能力培训具有实践性、跨界性和复杂性。职业院校教师教育教学能力培训应包括:职业教育基本理论和方法、职业教育课堂教学方法和教学模式、信息化教学能力、专业建设、教材开发、课程思政教学等内容。

职业教育具有不同于普通教育的目标特点、规律模式,以及学生情况和教学场景等,要做好职业教育教学工作,教师首先要掌握职业教育的基本原理和方法。如应将职业教育学相关知识作为教师培训的基本内容,这是引导职业院校教师完整认知和深刻理解职业教育的必修课程。

职业院校教师应掌握适合职业院校学生学习规律的教学理论、理念和教学方法。如在很多国家教育教学中比较流行的行动导向教学是以行为主义学习理论和建构主义学习理论为理论基础,学生在教师的引导下,通过自己的学习行动,主动地构建出知识。这是一种以学生为中心深度提升学生参与学习构建知识和能力的教学方法,对职业院校学生实践主动性的提高具有更好的作用价值。项目教学法、案例教学法、情境教学法等行动导向的教学方法培训应重点纳入教师教学能力提升培训内容,推动课堂教学改革创新。

线上线下混合式教学、翻转课堂以及理实一体的教学模式也是广泛应用于职业教育中的课堂教学模式。线上线下混合式教学有效结合了现实的物理空间和虚拟的网络空间两大教学空间,实现了教学资源和教学过程在时空维度的延伸拓展,还实现了将物理的教室空间中不具有的教学设备、素材等通过数字化具象表达或虚拟现实技术引入教学过程中,增加学习的直观性。翻转课堂强调学生课前自主学习,课堂上与教师和同学互动(提问、解惑、探究等），将学生视为学习的中心主角，教师成为指导者、协助者，促进学生更好地进行小组学习和知识能力建构。在理实一体化教学模式中，理论和实践交替进行，理中有实，实中有理。师生双方边教、边学、边做，充分调动和激发学生学习兴趣，突出学生动手能力和专业技能的培养，全程构建学生素质和技能培养框架，大大提高教学质量。大量教学实践表明，这些教学模式比传统教学模式更适合职业院校教学过程，因此应该成为教师教学能力培训中的基本内容。

除了以上能力，教师的教学活动组织能力、数字技术应用能力也是教师教学的关键能力。其中包括教师对教学项目、任务和情景等的组织与管理能力、对学生学习过程的管理能力、对学生学习成效的评价能力以及利用数字技术工具分析教学活动和教学成果的能力等。这些教学能力的培养不仅需要系统完整的培训，而且需要在教研活动、专题项目中进行研讨加强和应用训练，也需要教学管理部门通过教学效果实现对教师此方面能力提升的准确衡量。

除了教师个体的教学能力素质培养，职业院校还应该进一步加强教师专业建设能力的培训培养，包含人才培养方案研制能力、专业教学体系设计能力、人才培养模式改革创新能力、实训基地建设能力、产教融合及校企合作能力、国际交流与合作能力、专业建设成果打造及示范推广的能力等等。这些能力的培养培训是提升专业办学内涵建设的关键。

职业院校对教师教学能力的培训还要注重通过具体教学实践来验证效果，并将培养培训过程和效果纳入对教师履职业务的考核。

4. 创新教师素质能力培训模式

职业院校可根据教师素质能力提升工作的要求精准分析培训目标和培训需要，量身打造培训方案，采用适切有效的培训模式。常见的培训模式包括线上培训、线下培训、线上线下混合培训等普惠式培训模式，也有结对学习、专项辅导等特定培训模式，还有跟岗研修、顶岗研修、返岗实践等实践研修模式以及学历进修、访学研修等交流式的培养培训模式。随着国内智慧教育教学平台的发展，一些数字化、智慧化的教师培训平台也在逐渐增加。数字培训平台可以依托互联网有效整合更多培训资源，构建面向职业院校教师的网络学习社区。数字技术有助于形成对教师能力素质提升的跟踪指导以及教师培训画像，推动个性化、定制化能力成长培训模式的形成。职业院校可在综合运用现有培训模式的基础上，结合培训对象特点，创新培养培训模式，加强教师成长发展的内驱动力。

除了培养培训本身,职业院校要强化培养培训后的教师返岗实践运用成效,探索培养培训成果的转化机制。运用课堂深入、典型挖掘(授予荣誉、事迹报告、媒体宣传、创作文艺作品等手段)、实践反思、情景教学等形式,把经过培养培训成长起来的一线优秀教师请进课堂,分享成长经验,促进整体师资团队发展。

5. 搭建教师素质能力提升平台

学校要构建系统高效的教师素质能力提升体系,离不开支持平台的建设,包括为培训、实践和研修提供真实场所的实体建设平台和便于资源共享、学习交流的数字化平台系统。

实体建设平台有承担国家级或省级培训的教师培训基地(平台)或教师培训中心(平台),校企共建的"双师型"教师培养培训基地、企业实践基地等。国内一些职业院校建有完善的教师培训培养基地(平台),不仅具有强大的师资团队,完善的硬件、软件和环境条件,而且具有专业化的培训培养管理团队和运行机制,不仅能够为校内教师的素质能力提升提供良好的培训环境,也能为承担开放式培训培养项目提供共享平台。职业院校建有国家级或省级的共享型教师培养培训平台,不仅可以扩大学校影响力,可以充分利用对国内培训专家的智力聚集效应,产生智力渗透和扩散,能为本校教师的成长提供"近水楼台先得月"的便利。

新冠疫情期间,线下培训受到局限,基于互联网技术的数字化培训平台成为提升教师素质能力发展培训的主要渠道。主要有完全线上培训平台和线上培训工具两类。前一种一般建有完整的培训共享资源,教师可以直接注册报名后登录网站完成学习培训,平台记录学习过程和进行考核评价。后一种主要是培训的组织者用平台发布培训信息,为教师提供线上报名通道,培训开展主要依托腾讯会议、钉钉等线上会议工具进行。数字技术与教师培养培训有效地融合应用,在疫情防控期间发挥了很好的作用,也取得了良好的培训效果。

因此,职业院校应高度重视教师素质能力提升的平台建设,加强实体培训平台和虚拟线上培训平台及工具的整合应用。平台建设不仅为教师素质能力提升提供便利,而且为职业院校开展丰富高效的培训提供通道,也为教师素质能力提升培训的管理赋能,可以全面提升教师培训成效。

6. 加强专业化培训服务团队建设

教师素质能力提升培训需要专业化的培训服务管理团队。该团队不仅承担着对教师培养培训需求的调研、培训课程的确定、专家资源的组织、培训教学的开展等常规培训工作,还承担着培训平台的搭建、培训基地和实践基地的建设,还有各类社会培训项目的申报投标组织以及培训成果的推广辐射等工作。因此,专业化服务管理团队的组建具有非常重要的意义。

职业院校对专业化团队的组织可以依托学校教师培训(发展)中心进行,为团队配备充足的专业人员,建设完整的管理制度流程规范。学校还可以和企业合作,共建教师培训中心或实践基地,共建数字化培训资源平台和管理服务平台,共同推进高水平专家团队的打造,共同开发培训课程(含优质特色课程资源)、培训教材,共同开展培训模式的改革与创新工作。搭建集技术能手、职教专家和行业企业高水平人员共同参与的专家库,并及时对接产业动态更新、实时调整。

(五)完善教学团队建设工作

1. 深刻理解教学团队建设的重要性

教学团队是教师群体的系统性表达,具有群体系统的构成特点和功能价值。和独立的教师个体相比,教学团队一般由一位团队负责人和多位教师成员组成。团队在专业、年龄、技能、职称等方面具有一定的结构性。团队成员之间通过分享交流、分工协作、碰撞修正实现多个主体智能的分享交流、扩散渗透,不仅团队成员之间扬长避短,突破个体能力局限,还可以通过高效率的分工协作实现群体效能发挥。高效能的教学团队不仅可以更好地完成教育教学任务,提升人才培养质量,还可以创造出更有价值、更高质量的教育教学成果。

职业教育人才培养的职业性、教育性、实践性、跨界性等特征要求职业院校高度重视教学团队打造与建设。但同时,多年的学科式教学使一些教师形成了独立承担课程教学任务的惯性。很多教师缺乏结构化教学团队意识和模块化合作教学理念。职业院校应该抓住教学协作的本质要求和价值功能,提升教师团队发展的意识和协作能力,将创新教学团队建设作为教师改革工作的主要内容来发展突破。教育部印发的《开展全国高校黄大年式教师团队创建活动的通知》《深化新时代职业教育"双师型"教师队伍建设改革实施方案》《全国职业院校教师教学创新团队建设方案》《关于加强新时代高校教师队伍建设改革的指导意见》等政策文件,都在强调通过支持教学团队建设提升职业院校师资队伍建设水平。因此,加强教学团队建设也是职业院校落实国家政策、提升教师素质能力水平的重要任务。

2. 统筹推进教学团队建设工作

教学团队建设工作应纳入学校的顶层设计和整体规划中,结合产业经济发展需要、学校办学特点、专业建设基础和优势来布局教师教学团队建设。职业院校可以整体推进全校教学团队建设,也可以分步骤、按计划滚动实施重点推进。率先重点支持产业人才需求迫切、教学改革需求迫切的专业教学团队打造。通过先行先试、探索经验,为其他教学团队建设和改革起到领衔示范作用。

职业院校要从整体改革发展的角度确定学校教学团队建设的总体目标、师资规划、相关制度建设和建设任务的实施;制定教学团队建设指导意见或管理办法,对校内各教学团队的组建目标和原则、团队负责人选聘、成员构成、运行管理、激励监督等提出要求和规范;将教师参加团队建设作为考核评价、评优晋升、成果推荐的主要依据;为教学团队建设提供专项经费、发展咨询、培训进修等支持;加强对教学团队项目的督查指导和评估管理,建立信息化管理系统对项目建设成果进行数据采集,通过大数据技术支持分析决策来实现对团队建设的过程诊断和绩效评估。

学校还可以从团队建设标准和考核标准方面作出规定,指导各专业教学团队组建和发展。团队标准应该包含师德师风、团队负责人、团队结构、教学改革成果、专业特色优势、保障措施等方面的要求。

3. 做好教学团队自我建设

职业院校为教学团队提供政策支持和保障条件,教学团队本身也要通过明确建设目标,找准建设思路,抓住重点任务做好自我建设,提升实力水平。

教学团队应有明确的建设目标。目标的确立应该立足建设基础,瞄准发展规划,按照时间阶段科学确定。目标可以包含建设内容的目标,如团队构成的优化、课程体系的重构、教学模式的创新、拟建成的教学成果等;也可以包含建设绩效的描述,如在人才培养质量提高方面,在技术技能服务方面,在推动产业企业贡献方面等;还可以包含建设水平的目标,如在3年或5年后该团队整体口碑声誉达到省内、国内甚至国际的水平等级。

教学团队应有明确的建设思路。建设思路的制定要结合建设内容,瞄准建设目标制定出系统化的建设思路和方法逻辑。建设思路可以是整体的建设思路,涵盖所有建设内容的结构逻辑或步骤逻辑。如"一体两翼三主线"这样的结构化整体思路表达、"分析—设计—实施—反馈"这样贯穿性的步骤或流程表达,或将各建设内容的工作思路分别设计并进行组合描述。总之,团队建设的思路是对应建设内容实现建设目标的方法逻辑，代表着团队建设的系统性秩序和实施主线。

教学团队建设应突出以下重点任务：

① 优化教学团队配备结构

教学团队一般由一名能力突出的团队负责人和专业结构及年龄结构合理的团队成员构成。专业人才培养需要由讲授不同课程、具备互补专业技能的教师来共同完成。教学团队成员各占其位、各司其职、协同开展教育教学和人才培养工作。要根据承担的教育教学任务合理搭配专业能力结构，选拔能够承担起专业技能任务的团队成员。要组建校企合作、专兼结合的"双师型"团队。企业导师可以有效地优化教学团队的技能结构。从可持续发展的角度看，教学团队的年龄结构也很重要。团队应是"老中青"结合的师资团队，兼具"丰富经验"和"强劲活力"，具有"传帮带"的可持续性发展特征。要加强对团队中"双师型"教师占比，形成"学校＋企业"双构成、"教学＋实践"双能力、"教师职称＋非教师职称"双资质的教学创新团队。

② 提升教学团队素质能力水平

为提升教学团队素质能力水平，具有充分落实立德树人根本任务的能力，教学团队要在学校有关工作基础上加强团队师德师风建设，将其作为团队素质提升和文化打造的核心内容。通过师德师风标准规范和奖惩机制严格要求团队成员的思想道德素质和职业道德素质，通过学习培训和工作实践培养形成团队较高的素质水平、高尚的师德师风。团队还应结合"国培""省培"和学校培训计划制定自身学习成长计划。明确团队在素质能力提升上的需求和目标，做好系统性的培训学习计划，打造学习型团队组织。组织团队全体教师学习职业教育基本原理方法及政策、产教融合及校企合作原理方法及政策、职业教育课程原理及开发技术、职业教育教学方法及模式创新等内容。团队成员积极参加不同职业技能等级证书培训，获得职业技能等级证书或职业资格证书，基于职业能力模块优化教学团队结构。

③ 基于能力模块重构团队协作

专业人才培养的每个岗位都具有相应的工作任务。各项工作任务的履行需要从业者具有相应的职业能力。专业教学团队应更加突出对专业课程教学体系及单门课程教学的整体设计。打破学科教学的传统模式，探索基于模块化课程体系及模块化教学的课程教学实践。教学团队可以在职业能力标准和专业人才培养定位的基础上对人才培养的职业能力模块进行划分，确立任务模块、能力模块和教学模块的内容体系,并基于职业能力模块开展模块化教学。教学实施的主体是具有教学能力的教师。因此,可以对应职业能力教学要求对教学团队的教学能力提出要求。基于要求重塑教师应该具有的教学能力模块,由具有不同能力素质的团队成员承担(见图2-1)。因此,教学团队成员可以基于能力模块实施教学,形成"术业有专攻,教学有协同"的教学协作组织。

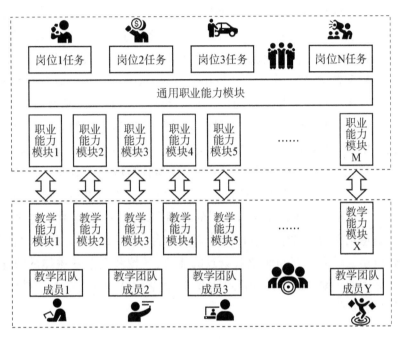

图 2-1 基于能力模块的教学团队

团队成员协作至关重要,成熟的团队应在团队成员能力特点的基础上形成有效的协作模式。如可以针对不同课程衔接分工开展教学协作,可以针对同类课程开展平行协作,可以针对不同课程模块实施教师交叉分工协作等。不论团队以何种模式协作,团队成员在教学中的任务分工、协作流程和控制管理等都应该体现在每学期或每学年的教学计划和教学实施方案中,确保教学团队在流程规范和管理机制保障下发挥最大效益。如何设计教学分工和协作的模式是教学团队区别于教师个体开展教学的一个主要表现,而协作能力的水平是决定教学团队整体卓越水平的核心因素。

④ 协作探索教学方法和教学模式创新

教学团队应加强对职业教育教学方法和教学模式的创新。应着重考虑选用可以培养学生解决真实生产与服务问题能力的方法与模式,选用能够适应具备职业情境的实训室和企业现场的教学方法与模式。团队还要着重考虑数字技术带来的智慧驱动、虚拟仿真的教学场景变革,创新教学方法和模式,提高学生适应产业技术变革的能力。教学方法是面向课程维度的要素,教学团队应基于具体的课程特点和要素进行方法选择和创新。在当前的职业教育课程教学中,"行动导向"教学、项目式教学、情景式教学、案例教学、模拟教学等适用性较强且应用普遍的教学方法。

同时,随着大数据、人工智能和虚拟现实等数字技术的发展和在教育界的应用渗透,数字化、智慧化教学能力也成为职业院校教师的必要素质能力。从教学分析到教学设计,再到教学资源的开发、教学活动实施以及教学评价,从基于多媒体或智慧教学环境的理论教学到基于仿真软件或虚拟现实技术的实训教学,再到基于数据技术的教学评价以及教学团队的虚拟教研、协同教学的开展等。教师不仅要掌握教学资源的多媒体制作、互联网教学平台的应用、网络教学系统管理、虚拟实训软件、各类教学应用工具及小程序,还要熟练掌握学情分析、学习过程和学习成效分析的一些简单的数据处理技术、分析和可视化呈现技术以及学习社群的管理和维护等技术。协同办公、虚拟教研等信息化平台为教学数字化改革提供平台(见图2-2)。职业教育中的数字化教学也因为教育和职业双场景的需要、学校和企业双主体的协作、突出实践能力的需要等因素而变得更为复杂,教学团队协作开展教学数字化的必要性也就更强。

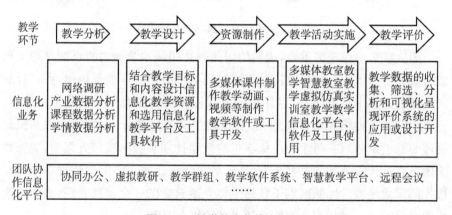

图2-2 教学数字化技术框架

教学模式的设计和创新一般要围绕教学要素和行动过程进行研究,以突破教学难题为目标,以实现教学要素的优化为手段,融入先进的教学理念和方法,形成科学的教学程序和系统。这需要教学团队协作开展充分研究和实践验证,科学选用和创新确立有效模式。职业教育教学模式可以通过以下维度进行选用和创新:以教学内容为核心的理论教学模式、实践教学模式、理实一体化教学模式,案例教学模式、项目化教学模式(PBL)等;以教师主体为核心的校企双导师教学模式,以教师和数字教学设备结合的人机结合教学模式;以教学空间或场景要素为核心实施实训室教学模式、生产车间教学模式、网络空间教学模式、线上线下混合式教学;还有以成果要素为导向的 OBE 教学模式,以过程要素为主的翻转课堂、CDIO、5E 教学模式等。

职业教育教学方法和模式需要教学团队进行充分研究论证和开展实施,通过团队整体的协同研究确立推进教学创新和改革的路径。同时,也能为教学团队形成特色鲜明的职业行为模式、团队文化和团队声誉打下良好的基础。

⑤ 基于产教融合、校企合作实现功能价值

校企合作开展教学。职业教育要服务好经济社会发展和人才就业创业,就必须扎根产业企业工作现场,熟悉生产和服务的技术、流程、模式和标准规范等。职业院校的教学团队必然是要由校企双主体教师构成教学创新团队,共同推进专业设置与产业需求对接、课程内容与职业标准对接、教学过程与生产过程对接。校企双主体共同开发人才培养方案、制定课程标准,共同开发教材和教学资源、实训资源,共同开展课程教学、实训教学,共同创新人才培养模式,推进人才培养质量提升。

校企合作开展技术技能创新和社会服务。职业院校不仅为产业企业岗位培养技术技能人才,还可以通过科研转化和技术技能创新服务推动产业发展。校企双元教学团队能够更好地整合双方资源和技术力量,精准挖掘和分析产业经济现象,协同开展学术理论、技术革新、产品工具研发及运行模式创新等研究,促进产业技术改革和服务创新成果的实现。同时,双元教学团队可联合开展社会培训服务,为中小企业提供行业咨询、发展策划、职业资格认证、职业技能等级证书培训、考核及技术技能鉴定等服务,助力中小企业成长发展,成为促进地方经济发展和科技创新的重要主体力量。

校企共建平台角度。学校与企业共同建设学生实习实训基地,为高质量实习实训教学的开展提供环境条件;校企共同建设教师实践基地、双师培养基地,为教师紧跟产业发展、提高实践教学能力提供平台场所;校企共同建设社会培训基地或网络培训平台,为社会培训和教学成果转化提供专业化的平台与系统化的服务;校企共同建设创新研发中心,为产业发展升级和技术创新改造提供智力动因。近年来,大批职业院校依托现代产业学院、职教集团、职教办学联盟等产教融合模式搭建校企合作平台,建立校企协作共同体,完善校企协同工作机制,促进整体办学水平的不断提升,也为职业院校教学团队的发展壮大提供了良好环境。

⑥ 注重高质量特色化的经验成果打造

教学团队要筑牢成果导向意识,对建设成果进行整体规划并落实到工作过程中,包含对人才培养方案、课程标准、实训教学标准、教材、数字化教学资源、论文著作、发明专利、典型宣传案例(报道经验人物等)等成果的整体规划,形成成果打造的路线图(见图2-3)。规划设计每一项成果的建设目标、理论和方法依据、理念及建设思路、方法和流程模式、成果建设、成果应用测评工作,并在最后进行成果的价值和总结提炼。质量监控贯穿全程,专家辅导助力成果形成。

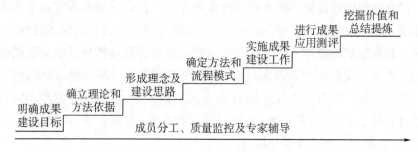

图 2-3 成果打造路线

教学团队要注重成果经验的交流推广。通过分享交流不仅可以让更多校内外的教学团队进行学习借鉴,提高教学团队的声誉和社会影响力,还可以通过分享交流积极吸纳来自外部的意见启发,促进团队成果进一步的丰富完善。

成果的推广交流方式方法主要包括:发表论文著作、新闻报道、典型国内国际会议经验报告和交流发言、培训主讲、实地考察交流学习等。推广路线可先在校内各团队之间进行分享交流,借助校内团队建设的网络系统实现经验成果的验证和改造优化;接下来从校内到校际进行交流,成果价值呈现螺旋式上升。此后面向国内进一步通过"一对多"推广方式进行交流分享,获得国内其他职业院校对本成果的认知理解和反馈意见,再根据成果缺陷进行优化,继续螺旋上升价值打造和成果完善;在获得国内足够的经验实施样本和效果评价样本后,可通过国际交流的表达内容和方式加强中国职业教育成果经验的国际化输出,实现经验价值意义的进一步扩大。

总之,教学团队要具有对建设经验和成果进行价值分享的意识,并形成善于打造和总结凝练成果的能力。同时在成果发展过程中,教学团队要保持开放性思维,不断学习吸收来自其他团队的先进经验和改进意见,持续优化自身团队建设。

(六)改革完善教师激励与约束机制

考核奖励、先优评选、职称评聘等激励是驱动教师个体成长和团队发展的主要动力因素,因此也是教师工作改革的重要内容。教育主管部门和各职业院校在教师评优奖励、评价改革、规范约束等方面制定了各级各类的机制文件,探索了各式各样的改革做法。但是长期以来,过于强调外部激励在带动了大批成果产生的同时也引发了教师群体中"功利化"的追逐态势。如开发专业课程教材过于关注教材销售的利润提成或参加省级及国家级规划教材的评选;建设数字化的课程资源主要关注选课人数的增加和课程能否获得省级及国家级精品课程等;有的教学成果并非教学团队多年教育教学真正积累的真实做法,主要整合了生拼硬凑的内容以及申报时的文字提炼技巧等。所以,单纯的外在激励即使在名誉和利益方面对教师确实产生了非常大的吸引,也不可避免地产生了功利导向的作用,甚至产生拔苗助长或鱼目混珠的现象,影响了教育者投身教育教学的本心。所以,职业教育管理部门在充分完善外部激励的同时,也应着重引导教师的内在激励心理和行为,让教师自我驱动的激励成为投身职业教育教学事业的核心驱动力。

1. 推动教师内在激励形成

根据马斯洛需求层次理论,人类需求包括缺失性需求和成长性需求,缺失性需求包括生理需求和安全需求,成长性需求包括爱与归属、尊重需求和自我实现需求。内驱动力是人类追求自我实现的核心动力。有效的外部激励机制改革可以更加充分地调动教师个体主动性和创造性,激励教师从一般性承担工作任务向高质量多承担工作任务转化,促使教育教学成效从一般性成效向高质量、高水平成效转化。教师在外部激励作用下不断改革创新取得成果,获得相应的荣誉和利益,满足了个人的缺失性需求或部分成长性的需求。但外部激励往往是有短期性和效用限度的。当外部激励不再存续,一部分人对于教育教学的贡献积极性会受到削弱。教师也可能会受限于外部刺激,只满足于成果达到了外在激励的标准,却没有真正达到个体潜能发挥的最高标准,从而达到真正的自我实现的目标。

教育是培养人的社会活动,也应该是实现人的价值的社会活动。职业教育在培养技术技能人才的同时也应该同步推动实现职业院校教师的个人理想,促成教师个体的较高层次的心理需求满足。教师对于职业教育的理想抱负、情怀热爱和自发性奉献等是教师发展的内在激励,是教师职业生涯中不断追求、持续提高的内驱动力。职业教育的主管部门和各职业院校都应该充分认识到这一点是教师工作的最高标准,并高度重视外部激励到内在激励的转化,让教师在追逐理想价值和自我实现的同时取得社会层面的荣誉和利益。推动教师树立更高层次的人生观和职业观,坚定理想信念,不断突破自我,在职业教育教学工作中取得职业生涯的最大成就。

2. 改革绩效考核管理

职业教育改革进入高质量发展新阶段后,绩效改革也成为职业院校教师工作改革中的主要内容。改革的重点是如何设定绩效考核的目标、内容以及考核标准等。

职业院校绩效改革目标的确立应立足当前职业教育发展背景和学校整体改革发展目标,考虑教师绩效工作面临的主要问题,确定一定阶段(如3年)或长期阶段绩效改革要达到的目标。绩效改革目标的制定最终要有助于实现按劳取酬,优劳优酬,重实绩,重贡献,激励效果突出且公平公正。只有这样,绩效改革才能发挥好积极作用。

绩效改革的内容要覆盖教师岗位的职责任务、教育教学成果和教学实效实绩等内容。除了包括承担教学、科研、社会服务等工作任务,也应包括教师在学校发展建设、专业建设、人才培养改革等质量工程中付出的劳动。在教学业绩方面要向教学一线倾斜,把参与教研活动,编写教材、案例,指导学生毕业实习、毕业设计、就业创业、社会实践、社团活动、竞赛展演等尽量完整地计入考核范畴,实现对教师劳动付出的应有回报。

科学制定教师绩效考核标准至关重要。根据绩效工作内容分布和业绩成果的重要程度划分评价指标和赋分结构,将各项工作能够进行量化,便于教师绩效考核层级的确定和分配标准的划归。建设开发绩效考核的信息系统也非常必要。绩效考核系统可以实现对教师绩效数据的采集、审核、存储、计算、汇总、分析和可视化呈现等,成为学校数据集合中的一个重要数据库,对于学校年度总结、教师发展、教学单位评优和进一步学校决策都有很好的支持作用。

3. 改革成果奖励机制

职业院校教师个体和教学团队打造建成的高水平教育教学成果可以使学校显著提升社会声誉和影响力。学校一般会通过成果奖励办法对教师个体或团队进行奖励,从而起到"鼓励先进、表彰优秀、树立典型、带动全体"的作用。改革成果奖励办法对于推动优秀教师个体和团队积极应对教育教学挑战,大胆开展研究创新和改革探索,建设形成先进成果,改进教育教学质量具有非常重要的意义。成果奖励办法改革主要是对改革成果内容级别的确定和奖励的配置。职业院校代表性教育教学成果要综合考虑职业教育发展要求和学校的教育教学工作重点,抓住学校在不同发展阶段拟重点突破的矛盾和改革的主要任务来明确设计。可以考虑从教学主线型成果和教学支持型成果两条线路进行设计。

教学主线型成果考虑教学过程中产生的过程性成果和教学产生的结果性成果,包含教学标准类成果、课程资源建设成果、教材建设成果、教学比赛成果、学生技能大赛成果、课堂改革成果、教研教改成果、教学名师(团队)建设类成果、学生就业创业成果、各类教学示范性案例等成果。支持型成果可以包含教学单位的专业(群)建设成果和非教学单位的服务类辅助类成果。专业(群)建设型成果有专业(群)整体声誉、教学资源库成果、实训基地建设成果、产教融合及校企合作建设成果、培训及技术技能转化等社会服务类成果。辅助类成果主要为教学辅助管理和服务性成果,包含教研科研项目、信息化建设、实训环境建设、产教融合类建设、文化建设、学生工作类成果等。

成果奖励政策需要将所有教育教学成果进行梳理和划分,明确成果的等级设定标准。比如明确国家级成果、省级成果、校级成果的认定范围,对同属国家或省级层级的成果再根据建设、认定或评定情况或可再进行二次等级划分,将含金量重学校大力倡导的成果列为同级别的最高类别,对于其他成果根据重要性和含金量等再进行同类别下的次高级别设定,依此类推。学校对成果的奖励资金确定和配比要综合考虑职业教育发展要求和学校的教育教学工作重点,并与绩效考核管理的平衡等进行奖励等级和金额的设定。还要根据成果内容合理设置成果奖励的时间,明确奖励发生的时间应该在成果建设的期初、期中还是期末或者后续维护阶段是否考虑再进行奖励。设计成果奖励办法还要注意与绩效考核及学校的先优评选综合考虑,既要考虑不同文件的差异性,又要考虑文件之间的协同性。

4. 改革教师评先选优体系

职业院校在对教师激励中不仅要通过绩效和成果奖励给予教师经济上的回报,也要通过先进或优秀类评选强化教师的个体荣誉授予,从精神角度体现对教师工作成就的尊重和认可,并通过先进或优秀荣誉将教师列为示范典型进行宣传推广,带动全体教师营造贡献职业教育职业、追求价值成就的良好风气。

职业院校的教师评先选优要进行系统化的设计,可以包括个人类先优设计及团体类先优设计,并且从专项先优和综合先优方面整体考虑。从教学工作的具体内容来看,教师在课堂教学、课程建设、教材开发、教案编写、教研教改、社会培训、科技成果转化等具体工作上表现出色,能够成为全校教师榜样典型的,可以设置专项先优荣誉,如优秀教案、示范课堂、教研教改先进个人等。专项先优评选可以精准聚焦具体教育教学业务粒度,设置校内典范样板示范推广,引导校内教师观摩学习;从对教师个体相对稳定的整体贡献角度看,可以设计教学先进或优秀个人、教学名师、教学创新个人等荣誉,选出能够代表教师典型的先优个体,赋予角色荣誉,成为模范明星,获得尊重推崇并成为其他教师尤其是年轻教师的工作追求和成长模仿的榜样;还可以设置团体类先优荣誉,基于团体功能和职责履行对学校内的二级教学单位或者教学团队进行先优评选。如设置教学先进单位、创新改革先进单位等综合类荣誉或社会服务、实训基地建设、校企合作建设、国际交流合作工作优秀的团体专项荣誉。

特别注意:① 突出学校对教育工作项目的重视,同时要避免先优荣誉的重复设置及泛滥,真正让先优体系发挥出奖励先进、激励后进的作用,引导学校整体积极向上、争创事业的良好氛围。② 各类先优评选一定要完善标准,其中务必将师德师风列为先优评选标准的首要要求。③ 在优秀教师、教学科研、团队打造、成果奖励等各类评选中,充分考虑促进教师成长发展。④ 利用校内外多种新媒体渠道平台加大对教师和教学团队典型案例的宣传报道力度,调动全校广泛发声、广泛关注,营造职教教师队伍建设的良好氛围。

5. 改革学校专业技术职务评聘

对教师而言,专业技术职务(即职称)代表了个人专业技术上的地位和成就,是个人学术技术水平和专业能力的主要标志。职业院校教师一般在获得一个专业技术职务等级后,通过多年持续努力,提升自己并获得教育教学成绩成果,在满足高一级专业技术职务评聘条件后通过申报和评聘环节晋升职称等级,直到最高等级(正高级)。教师在职称等级晋升后,工资待遇得到明显提升,为职业教育努力贡献的成就感和获得感明显增加,个人在专业领域的话语权、影响力等也将会显著提高。因此职称评聘是教师最为关注的成长评价机制。

对职业院校而言,职称评聘是服务学校发展、激励教师创新和人人尽展其才最为有效的激励机制。在职业教育高质量发展的大好形势下,各职业院校都应重点做好教师职称评聘改革工作,以科学评价为核心,以促进人才开发使用为目的,发挥好职称制度对教师能力素质提升和人才培养质量提升的导向作用。职业院校做好职称评聘改革的关键是要把握职业院校教师职业的特点和人才成长规律,结合学校发展和高素质技术技能人才培养需要,完善职称评聘标准,创新职称评聘机制,为科学客观公正评聘教师的专业技术职务提供制度保障。

① 改革和完善学校职称评审制度

人力资源和社会保障部、教育部在《关于深化高等学校教师职称制度改革的指导意见》中提出了高等学校教师职称评审基本标准。标准主要从思想道德、岗位职责履行、教学成果业绩、专业能力水平、学历资历等方面作了规定,为各学校完善职称评审标准提供了实施参考。中共中央办公厅、国务院办公厅印发《关于深化职称制度改革的意见》《关于全面深化新时代教师队伍建设改革的意见》《深化新时代教育评价改革总体方案》,人力资源和社会保障部出台的《职称评审管理暂行规定》《关于进一步做好职称评审工作的通知》等文件,分别从不同角度为教师职称评审作出了指导意见和实施依据。

各职业院校要充分理解和落实国家和地方在有关职称评审文件的基础上,结合职业教育特点和各学校发展需要来改革和完善本校的职称评审制度。职称评审标准应坚持德才兼备原则,突出品德、能力、业绩导向,将教育教学工作绩效、创新改革成果、解决产业行业实际问题的能力等作为评价的核心内容,加强对教师思想政治品德、专业素质能力和教育教学工作业绩等内容的评价设计。职称评审机制应包含专项工作委员会的建立和科学评审流程的制定,建立起科学公正、规范有效的专业技术人才职称评审体系。

② 将师德师风素质作为教师职称评审标准的第一要求

从思想政治角度考察教师对国家宪法和法律遵守、党的教育方针贯彻、社会主义核心价值观的践行；从职业道德角度考察教师对职业教育事业的坚定信念、爱岗敬业、乐于奉献，考察教师对学生悉心教导、关爱尊重等优秀品质。各职业院校可将日常的师德师风考核作为依据，并结合教师个人在师德师风方面获得的荣誉表彰等进行评定。将师德要求纳入职称评审标准是促进师德师风建设的有效抓手，可以引导广大教师以德立身、以德立学、以德施教，真正培养德、智、体、美、劳全面发展的社会主义建设者和接班人。评审标准中要体现出对违反师德师风现象的实施一票否决或推迟处理。

③ 改革完善教师业绩评价内容

业绩评价指标应围绕职业院校教师应具备的技术技能水平、教育教学能力、科研创新能力、专业（学科）建设能力、社会服务能力等进行评价。技术技能水平指标可通过对教师专业技术技能水平认定、实践教学成果、教师参加或指导学生参加技术技能大赛等情况进行设置；教育教学能力指标应包含教师取得的优秀教育教学成果、高水平的教学研究和改革成果及个人在职教界的声誉、影响力等关键指标；科研创新能力可从教师科研项目、学术成果、技术开发及学术影响等方面设置考核指标；专业建设能力指标可从教师参与专业（学科）建设项目和学校其他创新改革发展的建设项目等方面考虑；社会服务能力指标应着重设置教师在社会培训、职业教育成果经验交流、技术技能输出成果等方面指标内容。

在评价指标权重设计时应突出教师对学生成长发展的实绩贡献，提高教书育人效果占比。把教师的教学质量评价、指导学生技能大赛、指导学生创新创业及就业发展等方面作为教师业绩的重点。还应加强对教师创新成果应用的考核，如对教师的技术技能服务、专利成果转化、决策方案咨询、公共服务成效等方面进行评价，将科研成果取得的经济效益和社会效益作为职称评审的重要内容。同时，应考虑对取得重大及关键突破性成果或解决重大工程技术难题、在经济社会各项事业发展中作出重大贡献的教师提供直接申报高级职称的通道，鼓励教师深耕专业领域，提高服务经济社会的贡献。

注意业绩指标的设计要合理设置论文和科研成果条件，不应将论文作为职称评审的限制性条件，探索以教案、教学实施报告、教学改革设计方案、项目报告、学术会议报告、教学成果、专利成果、工作总结、标准规范、创作作品等成果形式替代论文要求。建立代表教师业绩能力水平的各类成果"菜单"

和"多选"指标体系。同时,推行代表作制度,结合职称岗位层次类型重点考察教师所获成果的质量水平和影响贡献,鼓励教师创新创造高水平成果作为代表性成果。

④ 职业院校在职称制度改革中还应着力创新职称评价机制

结合职称岗位特点需要和职称评价标准,对参评教师采用丰富灵活的评价方式来提高职称评价的科学性和精准性。长期以来,多数职业院校在职称评价方式的选择上和普通教育本科院校职称评价方式雷同而主要采用了职称评聘委员会、学术委员会等评审教师申报材料的做法,没有明显突出职业教育的类型特点和职业院校教师岗位的独特性。职称评价方式的选择应充分对应职业院校教师岗位要求,能够真实反映出评价标准指标对应的师德师风素养、专业能力素质和教育教学绩效贡献。对通用性高、素质能力易标准化的专业技术岗位如公共基础课程教师岗位可以采用考试、评审、考核认定、业绩展示等方式进行评价;对专业性强,素质能力要求特色明显的教师岗位如专业课程教师可以采用个人述职、面试答辩、实践操作、业绩展示等方式进行评价。评价主体也要符合职称岗位评价内容的要求。比如对教师师德师风评价应结合校内师生评价和社会评价开展,对反映教师专业水平能力素质的评价应结合同行专家评审和产业企业主体评价进行,对教师教育教学业绩的评价应结合同行评价和市场评价进行。完善同行专家评审机制、市场评价机制和社会评价机制,为各类评价机制设计好专家选择标准、评审工作流程、监督保障制度和信息管理系统,确保各类评价机制具有完备的信息、顺畅的流程、公正的程序和准确的结果。

⑤ 将完善职称评价与教师培养和使用相结合

坚持以人为本,以用为本,深入分析职业院校教师的职业岗位属性和岗位特点,将职称制度作为提升教师整体队伍的重要抓手。建立与职称制度相衔接的教师培养培训制度,加快教师知识技能更新。完善教学质量提升和高水平教育教学成果打造的激励制度,促进教师素质能力和贡献水平的提高。对人才培养质量高、社会贡献大、教育教学成效突出的重点专业(群)和国家重点发展支持的重点专业领域进行职称政策倾斜,加大"做优做强"扶持力度,加快"领先发展"扶持进度,优先安排高级职称指标名额,鼓励具备潜力的教学团队尽快实现国内领先及国际影响的高水平教师队伍打造。

职业院校的职称制度要与用人制度有效衔接。做好职称资源的有效分配,按需设岗,定向实施。根据教师岗位需要评价和使用人才,做好职称评价与岗位聘用的衔接。对评聘到相应岗位职称层级的教师进行合理使用,配置岗位任务和设置工作要求,做到评以适用、以用促评。加强聘期考核,健全聘期考核制度,科学设置考核周期、考核任务和考核方式,并将聘期考核与年度考核、日常考核任务结合起来,加强聘期的过程管理。聘期考核的结果可以作为调整教师岗位、工资以及职称岗位续聘的依据。对于没有正常完成聘期任务和考核要求的教师实施合理的退出机制,确保职场岗位资源的动态调整,教师在职称层级上能上能下、能进能出。

第三章

"三教"改革之教材改革

一、职业教育教材概念内涵

在一些欧美国家的学校教育中,教材并不是必备的学习资料,甚至很多教师授课所带的只有自行整理的讲义和一些需要发给学生的阅读材料、任务单等,学生的学习、复习也主要依靠听讲记录整理的笔记。以英国为例,教育界普遍认为不同的学习班级以及班级内不同的学习个体具有不同的学习经历和能力,统一的教材不仅会无助于因材施教,还可能约束了学生个体的学习发展。社会热点、生活话题、自然现象经常会成为中小学课堂上的教学主题和内容,艺术馆、科技馆、户外场所也可能成为教师开展教学的场所。而在高等教育中,教师会为选课的学生开具书单或网络资源清单,让学生通过借阅图书和网上查阅资料进行学习。这样做也是为了学生不要受限于一本图书而是通过广泛阅读掌握更多的知识观点,培养学生更强的学习能力和批判性思维能力。更何况,英美国家的教材价格并不便宜。

由于国家经济发展需要不同,教育体系和运行制度差异,我国各级各类学校在教学过程中普遍采用为授课班级统一教材的方式。这样做的好处也非常明显,既有助于教师备课、集中研讨和评价实施,也有助于学生的预习、复习和知识能力训练,从而大大提高教学效率,实现人才培养的整体规模效益。

(一)职业教育教材的概念

教材是课堂教学的资源要素,是教学知识的载体,教学内容的材料,是教师教学开展的内容依据和规范性资料,还是学生进行学习知识方法的主要参考。在表现形式上,教材主要是纸质图书,并通过特定的框架结构和文字、图片将教学内容和教学进程呈现出来。近年来随着多媒体信息技术的渗透和教学信息化生态的发展,电子图书、融媒体资源也逐渐成为一些教材的表现形态。整合了文字、图像、音视频、富媒体超链接信息甚至笔记工具、全网搜索、学习记录等功能的数字化教材正在以更加丰富、更注重交互的方式呈现教学内容,逐渐成为教材建设发展的新趋势。

一些学者提出,教材并非只是狭义的纸质教科书(或电子教科书),还应从广义的角度考虑教学所用的各类素材、材料和其他物化资源,如课程标准、课程教学资源、教具、实训项目、实训设备等要素。本书所指的教材主要指纸质或电子教科书对象。

对职业教育而言,职业教育教材是将岗位职业能力要素转化为教学话语体系的媒介,反映了职业岗位所需的知识能力规格和内容。2019年12月教育部印发的《职业院校教材管理办法》指出,职业院校教材是指供中等职业学校和高等职业学校课堂和实习实训使用的教学用书,以及作为教材内容组成部分的教学材料(如教材的配套音视频资源、图册等)。此办法对职业院校教材做了官方的概念界定,也充分体现出了和中小学教材、高校教材不一样的特点。

(二)职业教育教材的特征

(1)内容上要具有职业性、实践性和跨界性特征

职业教育所用教材的编写要服务职业院校学生成长成才和就业创业,聚焦技术技能培养,依据产业岗位的职业标准(规范)进行编写。教材内容来源于企业岗位实践,要充分对接产业企业中的岗位工作任务,覆盖职业岗位的核心知识技能要求,引进真实业务项目、任务和案例等,紧跟产业最新发展要求,将新技术、新工艺、新规范、新模式等内容及时纳入教材和教学内容,保障内容的先进性。教材编写者既要熟悉企业的真实岗位任务又要精通职业教育教学规律,最好由校企双元构成跨界编写团队。编写团队能够将职业岗位的知识技能要求和内容转化为教材语言表达出来,成为课堂教学有效的材料依据。专业课程教材内容要充分体现出职业岗位任务和能力标准的落实,服务好学生高质量就业和持续性职业发展。公共基础课程教材除了要体现学科特点,也要突出职业教育特色,与专业课程协同,服务高素质技术技能人才的培养。

(2)功能上要具有教育性、价值性特征

职业教育所用教材在编写时应依据国家教学标准进行,落实好所属课程

标准要求的内容、程序和规范等。教材编写要符合职业教育技术技能人才的成长规律和学生认知特点,面向课程教学和学生学习进行良好的结构设计和序化组织。教材的功能不仅要传递知识,服务好教学开展和学生职业能力培养,还要服务好学生的道德素质、职业品性教育,使教育个体向好发展,成为对社会有用的人才。在《职业院校教材管理办法》中明确职业院校教材必须体现党和国家意志。因此,教材还承担着思政育人的价值观塑造功能。在编写教材时要注重思政元素的挖掘,将反映家国情怀、责任担当、职业道德、文化法律有关的人物、故事、事件、案例等通过纸质或电子资源方式有机地融入教材内容中,引导学生在专业知识技能的学习中形成良好的思想政治素质、正确的世界观、人生观、价值观,较强的宪法法律意识,优秀的职业道德品性,成为担当中华民族复兴大任的时代新人。

(3)形态上要具有丰富性、灵活性特征

有研究表明,职业院校学生的学习风格主要倾向于外向、直觉与感知,具体表现为形象思维活跃、动手操作灵活等学习优势。因此,教材的编写也要注重适应学生多元智力的特点,注重教材表现形态的丰富和灵活。专业课程教材应对接产业岗位任务,强调实践性。在教材内容上应尽量体现出职业能力的场景化、情景化、任务化设置,突破学科式的知识描述方式。教材内容组织上注重以真实项目、典型工作任务、案例等形式组织教材内容,加强学生的学习参与性。在表现形态上,教材内容可以用文字、图形、图像、二维码等符号记录呈现,也可以采用包含音频、视频、动画等媒体素材的电子教材形态呈现。在教材装订上,对职业能力单元相对独立且内容可模块化的课程可以开发活页式、工作手册式的新形态教材。

(4)设计上要具有对接性、易用性和完整性特征

教材的设计应能够对接职业教育课堂教学需要,满足职业教育教学模式的开展。教材的编写结构要尽量做到与课堂教学结构的对接,满足职业教育课堂教学中常用的项目化教学、案例教学、模块化教学等教学方式要求,易于教师在备课时设计教学程序和步骤。教材的呈现设计要尽量做到媒体丰富、展示明显,易于教师备课时的课件制作和教学呈现。教材的实践任务设计要具备完整的任务设计和清晰的实践教学指导,便于教师教学的演示和学生学习训练。纸质教材不能包含的背景知识、阅读材料等要配套完整的数字资源,并提供便于访问的链接路径,帮助师生便利地触达应用。教材应尽量完整地覆盖对教学环节的支持,能够支持科学有效的教学设计、教学开展和教

学评价。最终实现通过教材改革来促进教学资源、教学方法改革，满足课程体系优化和人才培养模式创新的需要。

（三）职业教育教材和教学标准、教学资源、教法的关系

在国家专业教学标准、课程标准中一般包含对主要专业课程的性质任务、教学目标、教学结构和内容、学业质量水平、教学实施等内容的规定。其中在教学实施中包含了教学要求、学业水平评价、教材编写、课程资源开发利用、地方与学校实施的要求等内容。在教材编写部分包含对部分课程教材的编写原则、内容选择和呈现形式的要求。这是教材开发的基本依据。同时，"职业教育要为地方经济服务"的特点也决定了职业院校所用的教材不可能是"全国统一"的。职业教育的教材应该在满足国家基本标准的基础上加强对地方产业人才需求的对接，成为具有地方特色满足地方职业院校应用的教材。各职业院校在课程教学实施前也会根据具体专业制定个性化的课程标准，这个标准不同于国家标准对教材建设的指导性作用，它一般是基于教材应用的课程教学标准。教师可以结合一本核心的教材和几本辅助图书及其他内容资源设计教学内容、教学方法和教学评价等。这是各职业院校教学标准制定的一项重点内容。

教材决定着课堂教学的内容和资源要素，甚至教学方法和模式的选择。因此，教材本质上也是教学活动有效开展的关键。在实际教学中，教师一般依据所选教材和辅助材料设计与开发教学资源，制作教学课件，撰写教案。但教学资源并不是全部由预先征订的教材内容决定的，教材内容只是教学资源建设的主要依据。其他教辅材料、网络资源、教具设备及教师个体积累的专业和生活素材也应该被任课教师纳入教学资源建设中，构建内容丰富的教学资源体系。

对于传统的学科式教材而言，教学方法很大程度上取决于教师个体的教学能力和教学风格，与教材关联并不密切。因而，同一门课程不同的教师施教往往出现教无定法。而职业教育中的一些教材尤其是项目化教材、案例式教材、情景化教材等往往直接和课程的教学方法关联起来，可以直接决定教材所属课程的教学方法实施。因为这样的教材实现了有效的课堂教学导向，使教材的组织结构与课堂教学方法的结构能够很好地对应起来。通过职业院校教师的大量教学实践证明，项目化教材、案例式教材等能够非常好地适应职业教育课程教学，可以直接高效地帮助教师的教学设计和教学实施，也更适合职业院校学生的认知特点和学习行为。

二、职业院校教材改革面临的问题

根据前面所述教材与教学资源、教学实施的关系可以看出,教材质量的优劣直接影响职业教育教学质量的高低,因此,职业院校必然应将教材改革作为教育教学改革的一条主线去突破。教材改革就是直面当下职业教育教材存在的问题,大胆思考问题根源并创新提出解决办法。

为准确把握职业教育教材面临的问题,笔者所在课题组面向职业院校39个专业237名教师进行了关于教材问题的调研。调研主要从教材的适用性、先进性、实践性、系统性、教育性、易用性等7个维度展开。适用性主要调查教材内容是否反映了职业岗位任务并能够适用于岗位职业能力和素质的培养,是否能适用于职业院校的教学与学习规律,能够吸引学生的学习兴趣;先进性的调查主要看教材是否反映了专业学科的知识理论和技术方法的正确先进,是否反映出了对产业领域发展的新技术、新工艺、新规范、新模式等内容的包含,是否反映了先进的教学理念;实践性主要调查教材是否突出学生动手能力的内容设计,突出实践能力导向的教学项目和任务设计;系统性方面主要调查教材整体的知识能力和素质目标的设计以及能力目标在项目任务和教学模块中的系统性实现,在单元性的目标和任务完成的基础上能够最终实现教学整体目标;教育性方面调查教材是否重视了学生道德素质的培养和世界观、人生观、价值观的养成;易用性主要从教材是否能够有效促进教学设计和教学实施,教材是否具有丰富的网络媒体资源来完善纸质教材的不足,是否采用了活页式、手册式等新形态。

课题组还对35名职业院校从事教材工作的管理者进行了个案访谈,并通过百度和中国知网进行了文献调研。经综合调研和梳理,职业院校教材面临的问题主要体现在教材的内容、组织、形态、育人能效和特色等方面。

(一)教材内容的职业特征不充分

职业教育是面向就业、面向市场的教育。职业院校毕业生的实践动手能力、解决实际问题的能力是职业能力培养目标的关键。前面分析过,职业教育教材内容来源于职业岗位标准和工作任务,能够反映出专业人才就业岗位所需的知识能力和素质要求。因此,教材的编写最好是能够以职业能力为目标,以岗位的工作任务导向、工作过程导向来编排教材内容。教材应尽可能把行业企业真实的工作项目、工作任务、案例事件等进行教材语言的转化。依据职业岗位标准要求,遵循职业教育教学标准要求,将专业工作体系中的内容转化为专业教学体系中的内容,在一定职业情境的设定下推进项目任务的开展,展开对专业知识、技术和方法的系统性描述。但现实的问题却是很多职业院校教材仍然主要采用了学科式的教材编写形式,以学科知识的内容体系编排内容。也有一些教材打着项目化教材的名义,实现了项目和任务的编排,但实际上却缺乏职业岗位的项目和任务导向线索,只是按照项目及任务的外在结构重新调整了教材知识性内容的编写,是原来章节式教材的简单变身。这些教材都没有充分地体现出职业性,对职业教育教学的适应力不够,对学生职业能力的培养严重不足。

出现这种问题的原因:一方面是因为职业教育尤其是高等职业教育长期以来对普通高等教育专业教学的模仿压缩,没有凸显出职业教育的类型特点和职业教育课堂教学的需求特点;另一方面是因为教材编写的主体主要是学校教师,多数教师对于职业岗位情境和内容的经历不够完整,对于企业实际工作岗位的实践深度不够。因此,教师很难摆脱学科式知识体系的禁锢,基于真实完整的职业岗位和职业情境编写教材。这样编出的教材既不能充分反映职业岗位的能力任务,也不能很好地体现岗位实践能力的教学导向。依据此类教材开展职业教育教学,教师的职业教育课堂教学实施困难很大。除非教师重新设计教学项目,开展项目化教学,否则很难通过依据此类教材的教学实施来提升学生的职业能力和素质水平,无法有效促进高素质技术人才的培养。而学生在应用这类教材学习时,也很难跳出学科式的学习惯性。因此,无法通过操作训练形成自身真正的职业能力和职业素质。

(二) 教材内容滞后于产业实际发展

普通教育中的学科知识一般来自科学研究与技术改进的成果。教育工作者将学术体系的理论和方法转化为教育体系的学科知识,用专业严谨规范的学科式知识描述方法表达出来,构成教材的主要内容。由于科学研究理论和方法的变迁相对较慢,所以,一般普通教育教材中的学科内容与科学研究成果之间滞后差距不大。但职业教育教材不同于普通教育中的教材。职业教育既要承担自上而下,将先进的科学技术知识转化为产业经济应用知识的责任,又承担着自下而上,将产业经济发展的最新变化反映到教学体系中的责任,因此职业教育的教材内容有来自学术界的科学研究成果和来自产业界的职业岗位要素。

职业岗位要素深受科技革命、产业变革迅猛发展的影响。新技术、新工艺、新规范、新岗位、新模式、新业态等不断成为职业岗位变革的驱动要素,为职业教育人才培养带来挑战,也成为职业教育教材动态发展的最大压力。契合产业发展,培养职业岗位适用的技术技能人才是职业教育的核心功能。然而,教育活动居于知识来源和就业应用之间的定位不可避免出现"用过去的知识教现在的学生去适应未来的发展"这种矛盾。实际上,从产业岗位的工作内容吸纳到职业教育的教学过程,再通过教学传授给学生培养能力后到就业岗位中去应用,其中路径较长,很容易造成岗位能力的供需差距。

根据课题组对教师应用教材情况的调查,教师们在选择教材时面临的一个主要问题就是教材的知识内容陈旧落后、编写理念不够先进。这直接导致了教学内容和资源建设滞后于教学需要,无法充分有效地培养职业岗位所需的最新能力和素质。尤其在一些产业发展迅速、技术变革显著的专业人才培养中,一些专业的设置本身就已经落后于产业发展的需要,而教材、实训等教学资源的配套也没有及时跟上,导致一些紧缺急需甚至需求旺盛的人才不能有效培养到位,职业教育人才培养出现缺位现象。职业院校教材内容滞后于产业发展的原因既有产教融合不够深入、校企合作不够全面、双元教材开发机制不够健全的方面,也有教师企业实践效能不高、专业岗位经历不够完整、项目任务内容挖掘不够充分的方面。因此教材编写无法密切对接产业发展的最新变化和职业岗位知识和能力等要素。产教融合是职业教育办学的基本模式,但职业院校和企业是两类不同的价值主体,工作目标、任务、内容和要求等完全不同。教材开发改革要从深刻分析相关问题入手,考虑如何基于深度的产教融合、校企合作来吸纳一线企业专家,并将产业变革的要素及时吸纳进教学内容、及时反映到教材和课程资源中。这是减少知识迁移隔阂、缩小岗位供需矛盾的主要路径,也是职业教育高质量发展中的重要任务。

(三)教材育人功能发挥不充分

教材的育人功能是教材的本体功能,也是教材在整个教育教学活动中存在的核心价值。从培养学生掌握专业技能的角度看,教材是教师开展课堂教学的依据,是教学内容和教学资源建设的载体,也是学生学习知识、练习技能和查阅专业信息的手册,服务于教师教学工作的开展,服务于学生专业岗位知识和职业能力的培养。但同时,作为教书育人过程中的一项核心要素,教材的育人价值还可以从非岗位专用能力培养、教材思政两个方面分别考虑。

非岗位专用能力培养方面。我国原劳动和社会保障部研究提出,企业人的职业能力具有三层结构:职业核心能力、行业通用能力和岗位专用能力。这里暂且将职业核心能力和行业通用能力界定为非岗位专用能力。职业核心能力是人们职业生涯中除岗位专业能力之外的基本能力,它适用于各种职业,能适应岗位不断变换,是伴随人终身的可持续发展能力。1998年,我国劳动和社会部在《技能振兴战略》中把职业核心能力分为8项,称为"8项核心能力",包括:与人交流的能力、数字应用能力、信息处理能力、与人合作能力、解决问题的能力、自我学习的能力、创新革新能力、外语应用能力。

我国的核心能力定义比英国称谓的"关键能力"多了"创新改革能力"和"外语应用能力"两项能力。这是由我国经济发展的需要、劳动力市场需求和人才培养能力结构需要决定的。行业通用能力为工作在统一行业中的劳动者群体在工作中应该具有的通用技能,如对行业的整体认知和发展判断,对行业内资源的竞争与协作,对行业规范的熟悉和规则运用等方面的能力。职业教育培养服务产业的高素质技术技能人才,应综合设计学生职业核心能力、行业通用能力和岗位专用能力的培养教育,充分考虑到学生就业后所处的复杂真实的职业情景,在人才培养过程中就要系统定位人才培养的能力结构,系统设计接近于岗位现实的职业情境,系统完整地去开展教育教学。作为教学活动开展的依据、教学内容的主要载体,教材的地位至关重要,应该被置于专业技能所服务的经济生态环境中,在教学目标定位和教学内容等方面引导学生清晰地理解将来的岗位工作需要,注重个人核心能力的提升,形成对行业系统全局的把握,能够在将来协作与竞争的环境中发挥价值。

但是,当前大多数教材编写者主要关注了课程培养定位的岗位专用知识和能力,对于个体职业核心能力和行业通用能力的考虑设计不够。一些教学项目的设计重视具体操作却不重视个体核心能力在岗位中的强化训练,也容易忽略项目所处的真实工作环境、行业环境等,从而使教材中的知识内容和教学项目、任务等相对游离于现实,和学生的实际就业岗位存在较多的因素偏差。

教材思政方面。如果职业教育教材过于强调技术技能至上的训练,容易陷入片面的人才工具观,会影响学生辨别是非和洞察世界能力的养成,既实现不了社会所需的全人素质要求,也实现不了对受教育者个体的尊重。因此,教材要充分考虑其人文性和育人性。2017年,中共中央、国务院印发《关于加强和改进新形势下高校思想政治工作的意见》,提出要坚持全员全过程全方位育人。把思想价值引领贯穿教育教学全过程和各环节。教育部2019年12月印发的《职业院校教材管理办法》进一步明确教材的思想政治教育定位和在落实教育立德树人根本任务中的价值;2020年6月印发《高等学校课程思政实施纲要》，从课程维度阐明课程建设和课堂教学是立德树人任务落实和提升人才培养质量的"主战场""主渠道"。作为课程建设和课堂教学主要依据的教材自然在其中扮演着至关重要的角色。随着课程思政工作的深入人心和职业院校在课程思政建设方面的各项工作推进，职业教育中的教材编写也越来越重视思政元素的融入。一些教材开始立足课程特点并依据《高等学校课程思政实施纲要》中提出的课程思政建设目标要求和内容重点系统性编写教材内容，在推进习近平新时代中国特色社会主义思想进教材进课堂进头脑、培育和践行社会主义核心价值观、加强中华优秀传统文化教育、深入开展宪法法治教育、深化职业理想和职业道德教育等方面体现出教材思政的特点。通过教材传递和塑造价值，培养学生的思想道德素质、职业道德素质以及提升个人品质和修养。教材应该为教学育人价值的发挥提供素材和依据。

但是，当前多数职业教育中应用的教材体现出对于课程思政的理念认知还不够清晰，对课程思政要素的挖掘路径和方法探索不够，对系统化的知识、能力、素质目标设计欠缺。教材育人的目标应该如何确定，通过何种教学项目和任务可以集成专业能力培养和价值塑造，如何通过"润物细无声"的方式让学生自觉接受教材育人的方式，如何从学习和实践项目任务中产生锻炼专业本领和塑造个人价值的内驱力等系列问题，还需要系统深入的研究和实践。

（四）教材对职业教育课堂教学模式/方法的适配性不强

一般情况下，教师在开始正式课堂教学之前需要对选用的教材进行二次创作，进行课堂教学设计。教学设计会依据人才培养目标、课程教学目标、学生学情等情况，以教材为主要内容依据，融入相关辅助素材后开发形成教学内容，设计契合教学目标和教学内容的教学模式，选择适用的教学方法，组织课堂教学和开展教学活动。从教材到课堂有一个非常关键的二次创作，也就是教学设计环节。同样的课程、同样的教材，当不同的教师教学时往往具有不同的教学设计，体现出较为明显的差异。教学经验丰富的教师往往可以设计出较好的课堂教学，而经验不足的教师往往对教材内容解读应用能力不足，且教学设计能力不够，从而产生教学效果不佳的课堂教学。尤其是传统的学科式知识体系教材主要给了教师一个知识体系的集合，缺乏对课堂教学实施的导向元素，缺乏对课程教学模式和教学方法的设计引导，给教师授课带来挑战的同时，也给课堂教学的效果和质量保障带来难题。

注意：这里并不是反对"教无定法"，教学是创造性和个性化特征明显的活动，这里也并非强调讲授同一门课程的老师们都必须采取完全相同的教学模式和教学方法。但通过教研确定课程的整体教学模式和一些典型高效的教学方法也非常有必要。

职业教育突出对学生实践能力的培养，强调以工作过程和行动导向开展课程教学。学生在教学过程中通过理解工作岗位的要求、体验工作岗位的操作、思考工作问题的解决以及在合作与竞争中掌握专业知识和训练工作能力。项目化教学、情境教学、案例教学等是实现这类教学过程的主要方法方式。如果教材能够很好地契合职业教育课堂教学的模式和方法，就可以大大提高职业院校课堂的教学效率，还能够显著地减少教师对教材二次开发的难度，为教学质量提升提供保障。

但是在当前职业教育中，以学科知识体系为结构的教材仍然较多，基于工作过程和行动导向教学法的教材较少，以真实生产项目、典型工作任务、案例等为载体组织教学单元的教材严重不足，影响了职业院校高效率课堂教学开展，也影响了学生真正的职业能力的培养。

近年来在我国职业院校中出现了大量的项目化教材。项目化教材也被大多数教师认为是适合职业教育教学最为有效的教材组织形式。但是项目化教材的开发却存在着较为明显的问题，如：一些教材编写者对项目化教学存在认识偏差，将原来章节式的教材内容仅仅从形式上改造成项目和任务的编排，内容却依然是学科知识体系，换汤不换药；一些教材对教学项目的整体设计不够，以单元项目为主，综合性的教学项目较为欠缺，侧重对单项岗位能力的训练，却不能促进完整岗位工作内容的学习和锻炼；有的教材在设计教学项目时没有充分考虑职业岗位工作，设计出的项目不完整，结构不紧密，不能实现对所有岗位能力的训练；有的教材中的教学项目承载的育人要素不够，对学生的职业核心能力、行业通用能力缺乏覆盖，对学生主动参与工作决策、发挥创造力和自我构建知识的能力训练不够，也缺乏对学生思想道德和职业品性等素质要素的教育锻炼等问题。如何构建适用于职业教育课堂教学的教材，如何开发真正的项目化教材等问题是提高当前教材建设方向和建设质量的关键问题。

（五）教材配套资源系统不够完整

职业教育的类型特点决定了职业教育教材具有不同于普通教育教材的特征。要充分发挥教材价值就要综合考虑包含专业知识和技能训练、课堂教学需要、产业行业动态发展、教材育人功能、信息技术影响等方面的要求。因此，在教材资源开发上要构建尽量完整的教学包、学习包和各类拓展资源包。

职业教育教材的资源包可以包含：为课堂教学配套充足便利的课程教学资源、项目任务操作说明、课程案例、术语词典、法律法规等；为教师教研提供丰富的政策文件、行业动态、学术研究、社会热点、思政素材等；为学业评价提供丰富的练习题库、实训项目、职业资格证书考核和职业技能等级认证考核标准题库等；为学生自主学习提供的拓展资源，如产业梳理、同行（名人、校友等）故事、岗位事件、优秀作品项目、推荐资源等。丰富的资源包不仅可以为教师教学、教研提供方便，能够为学生的学习拓展提供便利，还可能扩大教材配套资源系统的开放性和共享性。而职业教育教材开放性和共享性的价值也应该作为职业教育服务经济社会，扩大教育和培训受益的重要渠道。因此，职教界和学术界应该加强对教材配套资源体系的构建研究和实践尝试。

一些学者认为，职业教育应该是能力本位的教育。那么职业教育的教材就应该是能力本位的教材，教材应该是系列内容组成的"学习包"，包括课堂应用的能力训练手册主教材（既是教材也是学材）、知识案例手册参考资料（提示引导学生课外自学）、能力发展手册（用作第二课堂作业训练）。

目前国内职业教育教学所用的教材大多已经开始注重教材配套信息化资源的建设，为开展相应课程教学的教师提供预制的课件、教案以及教学中可能用到的案例等。但大多数教材因为缺乏配套资源体系建设的相关理论和理念指导，可供借鉴的经验也较为缺乏，很少有教材能够做到丰富资源包内容的包含。因此，大多数教材在配套资源开发方面仍有不少欠缺。

另外，对于教材的应用，职业院校教师特别要清醒地认识到，在选用了一本教材后还必须注意二次开发配套资源，为教师开展共同教研分享资料和学生练习及自学等提供充足的学习资源，为具有不同学习能力和水平的学生提供分层分级的教学标准和学习模块，促进学生的个性化发展和专业潜力的提升。

（六）教材形态问题

从形态上看，教材一般包括纸质教材、数字化教材和融媒体教材。传统教材一般以纸质教材为主，教学内容通过纸质媒体得以展现，具有相对固定的内容和纸张规模，主要展现文字、图形、图片等静态信息。为方便教学使用，有的教材会附带一张光盘，包含教师授课参照的教学大纲、授课课件、教案、习题等信息。数字化教材是以数字形式存储在互联网或数字终端（如光盘、U盘或电子书设备等）上的教材，教师和学生用户一般通过访问出版社网站、教材专题网站、移动App或者电子存储设备的方式对教材进行阅读和使用。最初的数字化教材主要是纸质教材的扫描版或电子化的图片展示，现在的数字化教材有了崭新的展现形式，除了包含文字、图形、图片信息，还可以有音频、视频、链接等多种媒体信息，为使用者提供丰富的数字媒体信息展现。融媒体教材借用了新闻传播领域的融媒体概念，整合传统媒体介质和网络媒体介质的优势，融合协同，展示和传播教材信息。融媒体教材可以兼顾用户对纸质教材的使用习惯和对数字化教材的丰富媒体需要。以纸质教材为主引导教材，在互联网空间中配套形式灵活、类型丰富、技术整合的学习资源，为新时代下职业院校的课堂教学提供最大的便利。

活页式教材是指以活页形式展现的教材类型，教材由相对独立的岗位任务单元构成，教师和学生在使用中可以灵活地进行插入和更新原有内容，补充行业最新知识技能，记录个人学习体验，创新原有知识模块。和传统教材相比，能够体现教材使用的开放性、发展性、互动性和创造性。

根据前面所述的资源体系视角，职业教育教材要有丰富的资源包。数字化教材和融媒体教材在资源包的呈现上不受纸张限制，具有显著的资源空间优势；从职业教育课程角度，教材不仅包含一定的理论知识，还要强调岗位的实践操作内容。因此除了教学内容和资源，大多数专业课程还需要提供实践操作手册、说明书以及可供实践操作的录像、实训软件等。为推进"岗课赛证"融通的课程体系改革，还应将岗位技能要求、职业技能竞赛、职业技能等级证书标准有关内容有机融入教材。课程相关的案例库、思政素材库、学生创新创业作品等内容也需要借助互联网空间进行展现和存储，方便师生使用。因此，探索纸质教材的数字化改造，形成可听、可视、可练、可互动的数字化教材，形成具有丰富配套资源的融媒体教材不仅是适应数字技术时代的需要，更是适应当下的职业教育教学改革，提高教学效益和提升人才培养质量的迫切需要。

从2019年1月国务院印发的《国家职业教育改革实施方案》中倡导使用新型活页式、工作手册式教材并配套开发信息化资源到2021年12月教育部办公厅关于印发《"十四五"职业教育规划教材建设实施方案》的通知提出新形态教材是职业教育教材的重点建设领域。近年来国内一些职业院校加快了开发新形态教材的步伐，一些教材已经在课堂教学中进行使用。但从广东、浙江、江苏、山东等地陆续评选出的首批"十四五"职业教育省级规划教材目录来看，入选教材中新型活页式教材、工作手册式教材以及数字化教材等新形态教材的数量非常少。这也意味着新形态教材的开发数量和建设质量还远远不够。职教界需要尽快加大对新形态教材的研究和建设实践。

职业教育中的教材仍有不少本质上仍然是学科知识体系的教材,能够紧跟经济发展和适应岗位发展需要的项目化教材的数量也远远不足,能够动态适应变化并加强互动的活页式、手册式教材及数字化教材数量偏少,这些都不利于促进高质量职业教育课堂教学的开展,更不利于学生学习兴趣的激发和技能水平的提升。职业教育工作者都应该深入思考什么样的教材才是真正适应职业教育教学的教材,如何让教材更好地适配课堂教学的需要,如何让教材促进实现高素质的技术技能人才培养,结合课程应该开发何种新形态的教材以及如何配套数字化资源的开发等系列问题。

(七)教材地域特色不够突出

"职业教育为地方经济服务"的特点决定了职业教育的教材或者课程也应该体现出地域特色。全国各地有各自的经济发展战略,不同的发展优势特色,也导致了在产业行业需要和岗位技能需求方面的差异。在职业岗位的设置上,一些领域经济发展领先的地方比发展落后的地方一般会有更高更全的人才要求,一些领域经济发展有特色的地方比发展普通的地方一般会有个性的人才技能结构的需要。因此,很难有一本教材能够完全适用于全国各地。这并不是否认国家规划教材的意义。国家规划教材一般需要遵循适用全国的职业能力标准和专业教学标准,在适应各地专业技能人才的培养上一般具有很好的通用性,能够综合考虑到教材所传递的知识和技能在国内各地人才培养上的通用性和覆盖率。因此对一些在各地发展较为均衡的专业领域而言,全国规划教材就具有非常好的适用性和价值意义。省级规划教材也是如此。从省域层面考虑经济社会发展需要和专业岗位的技能要求,形成具有地域特色的教材及教学资源很有必要。一些发展水平较高、特色明显的地方在专业教材和教学资源的开发上应该高于全国通用的教学标准和技能要求。当然,这里也不是否定教师在教学实施中会对教材资源进一步补充完善的能力,也不否认职业教育人才的跨区域流动性和学生个体学习潜力挖掘的必要性,而是从契合产业发展、服务地方的角度而言,适用度高的教材和教学资源可以更好满足当地的岗位人才培养需要。强化地域特征的教材在教学目标确定和教材内容传递上可以更加科学,在培养人才服务地方企业的能力上可以更加精准,对本地职业院校教师的教学实施和校企合作上也更具有现实性和针对意义。

开发和应用教材服务地方人才培养的模式主要两种(图3-1):一种是基

于地方职业岗位标准开发地方教材,用于课堂教学,培养地方所需人才;一种是在全国职业岗位标准基础上开发实现全国规划教材,并结合全国规划教材和地方教学资源应用在课堂教学中培养地方所需人才。

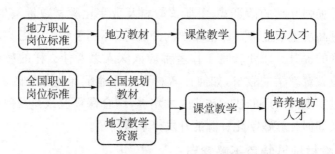

图 3-1 应用教材服务地方人才培养的模式

判断一门课程是否应该有彰显地域特色的教材应该主要从三个方面考虑:地方经济发展水平和战略需要、专业人才需求水平和技能特色、地方教材开发主体的水平。其中,地方教材开发主体的水平是关键要素。具有发展优势的专业领域,产业人才和职业院校教学团队会形成良性的合作氛围及人才循环生态,有助于开发出高质量的契合当地岗位人才需要的教材。

课题组对各地已经评选出的"十四五"规划教材进行初步分析后,发现地域特征明显的教材不多。在活页式教材、数字化教材进一步加强的情况下,新形态教材可以用来弥补一些通用性纸质教材的缺陷。但对于地方发展特征需求强烈的专业和课程领域,地域化的教材开发也很有必要。哪些教材应该突出地域特色以及如何开发这类地域特征明显的教材,应该成为职业教育教材开发的有价值的工作方向。

三、职业院校教材工作改革进路

改革代表着对事物进行局部或根本性的改良革新,本质上也是从旧有的原点通往新设目标的过程,需要革新过程、路径和方法等。对职业院校教材应具特征的分析是对教材理想目标的设定,对现有问题的梳理是对改革起点的确定。应对各类教材问题,唯有通过教材改革,才能为职业教育课堂教学和人才培养水平提供更加有效的资源支撑。要实现对职业教育教材的改革,需要清晰地划定问题破解的落脚点。要提升教材的职业性、适用性、教育性、先进性、地方性等,既要改革教材的内容,又要改革教材的组织方式和呈现形态,还要改革教材的动态调整机制,并提升教师在教材工作领域的认知和行为水平。落实到职业院校教材整体工作的改革工作上,可以从提升教师及教学团队在教材选用或开发上的水平、制定教材开发质量标准、优化教材开发流程和方法、推动新形态教材建设,以及加强教材工作管理等方面努力。

(一)制定教材选用、建设和评优标准

教材的改革首先需要制定标准。职业教育教材在职业特征、教学匹配、形态特征等方面具有鲜明的类型特点,不能按照普通教育教材的标准去开展职业教育教材的相关工作。而要保证教材相关工作的开展质量,就需要一定的程序和内容标准。在任何阶段与区域,教材在知识传递价值、服务教学功能及作为意识形态产物方面,均应遵循一定的标准与要求。职业教育教材标准的研究制定非常必要却一向是较为冷门的领域。除了国家层面发布的《职业院校教材管理办法》和《"十四五"职业教育规划教材建设实施方案》《关于开展首届全国教材建设奖评选工作的通知》等政策通知文件外,根据知网搜索数据了解到,截至2023年3月28日,对职业教育教材研究的文章约在125篇,相对于课程建设和课堂教法的研究数量上严重不足。其中多数提及了对职业教育教材标准建设的重视,但以教材标准为研究对象的文章记录不足5条。这说明,学界和职教界对教学要素中教材要素的标准研究重视还远远不够,更缺乏科学具体能操作的标准成果用于职业院校的教材工作实施。

职业教育教材工作一般包含教材的选用、教材的建设开发、教材的评选等工作。各项工作都需要明确质量标准或者等级标准。教材的选用如果没有标准,教师对教材的选择就会存在无据可依、盲目随机的乱象。教材的开发建设如果缺乏课程标准、建设标准的指导,编写团队就可能会把握不住职业教育教材的根本需要,偏离教材功能主体和影响教材育人价值的发挥。优秀教材的评选是对教材质量的证明,是对教材编写团队工作的肯定。国家设定了教材建设奖,对参选教材的条件和程序进行了明确,发布了规划教材建设实施方案对国家级规划教材进行评选,各省市、学校也根据上级要求评选各自的省域、市域或学校规划教材,形成各级教材评优评先的评价体系。因此,为教材工作的各项环节制定标准是必要且关键的。

制定教材标准就是为了确保教材工作的质量门槛以及界定质量层级或者实现分类的质量界定。从标准本身来讲,可以是结果性的也可以是过程序性的。教材质量标准的制定需要考虑各项教材工作的目标,要在目标引导下制定标准的内容框架和指标条目。

（二）完善学校教材管理体制机制

职业院校教材必须体现党和国家意志。教材管理是职业院校教学管理中的重要内容。为加强对全国教材的规划和建设工作管理与指导，国家专门成立了教材局和国家教材委员会。各省也先后成立教材工作相关的委员会并发布省级层面的教材管理办法或实施方案。按照有关要求，各职业院校也应成立校级的教材委员会对教材工作开展管理和指导等工作。职业院校教材委员会的构成要充分体现职业教育教材管理的特点，吸收相关管理部门、教学部门和行业企业专家加入。教材委员会应在教学管理、宣传管理等主管部门的协同下制定学校教材建设规划和年度教材工作计划，组织教材相关标准的制定，完善教材选用和教材建设的相关制度规范，指导学校的教材选用、教材建设工作和教材评优评选工作，加强对学校教材研究和教材成果的转化推广指导工作，并加强对本校教材各项工作管理的信息化建设。

职业院校在完善教材管理工作制度时，可以采取三种模式。一是制定一个相对完整具体的"某学校教材管理工作方案"，包含对本校教材管理工作的目标、依据、组织、管理内容、工作分工及工作监督等方面的规定。在管理内容中要包含对教材选用、教材建设和教材评优评选等管理内容，各项工作的标准文件作为附属文件。二是分别制定具体的教材选用管理、教材建设管理和教材评优评选的管理办法，形成并列的三个主要文件，并为每个文件配置具体的工作标准。三是制定一个学校教材管理办法的主文件，包含教材选用、建设和评优评选涉及的工作内容介绍，再附教材选用、建设和评优评选的子文件，而教材选用、建设和评优评选的标准再作为子文件的子文件。

教材选用管理办法的制定。结合本校办学特点、发展目标、专业设置、国内教材供应实际情况等综合考虑教材的选用管理制度。明确本校教材的选用目标、选用原则和选用范围，制定本校教材的选用条件、选用程序、审核程序、选用工作分工，明确教材选用的公示程序和备案制度，并对教材选用过程进行信息化管理工作，以便于应对全校大量教材选用数据的准确统计和科学分析。各学校在制定教材选用管理办法时除了突出对教材选用程序与要求等的规范，要特别强调优先选用全国教材建设奖中的优秀教材、国家和省级规划教材，对于一些缺乏国家优秀教材和规划教材的专业领域，要进一步扩大教材选用范围，选择质量水平高、业内评价好并适应本校教学需求的教材来使用。

教材建设管理主要结合本校办学特点、发展目标、专业建设目标、国内教材建设情况和本校教材建设基础等综合考虑教材的建设管理制度。明确本校教材的建设目标、建设范围、建设原则,制定本校教材的建设组织、立项程序、保障措施,明确教材建设的质量监管、审核及推广管理等工作。重点围绕国家、省市重点支持的教材建设要求或紧缺薄弱专业领域的教材开展建设,重点鼓励双元结合开发新形态教材,重点支持融媒体教材、数字教材的建设开发。教材建设管理要包含所建教材的更新和调整机制,对教材的动态更新和修订时限提出基本要求。建设开发教材的职业院校要全面落实教材建设的主体责任。由学校党委(党组织)对本校教材建设负第一领导责任,严格落实好教材建设中的意识形态工作责任,健全学校内部管理制度,做到"凡编必审""凡用必审""凡修必审",审核不合格或不符合要求的教材不得推广或使用。

教材评优评选管理主要包括对应国家和省级规划教材的评选和教材建设奖的评选。入选的教材代表着教材建设达到了一定的质量水平。职业院校一般会结合规划教材和教材建设奖的评选要求,严格评审标准,制定本校教材评先评优管理办法。办法要坚持正确导向,以习近平新时代中国特色社会主义思想为指导,在本校现有的教材建设基础上制定。突出围绕国家或省市重点规划教材或紧缺、薄弱领域教材建设成果,突出职业教育适应性强、内容原创性强、育人成效显著、特色明显的教材成果。科学客观并具有特色和发展性的教材评选标准是引导高质量的职业教育精品教材建设成果的关键。对于优秀教材的选用,学校也要制定相关文件进行鼓励支持,并对获得规划教材或教材建设奖的教师团队在评优评先、职称评定、职务(岗位)晋升方面予以倾斜,吸引更多优秀人才投入教材工作。

(三) 培训教师教材选用和建设开发能力

1. 通过培训提升教师教材选用能力

教师对教材的选用一般是依据学校教材选用标准或程序进行(图3-2)。如果学校暂时没有校本的标准依据,可以培训和指导教师参照教育部或省市关于教材选用的标准选择教材。从教师的角度看,教师选用教材的过程主要包括检索教材信息、对比分析教材信息、圈定教材选用范围、查阅可选教材样书、确定选用教材、向学校提报选用教材信息后获得审批反馈的过程。如果学校教材选用评审组织没有通过所选教材,需要重新进行选用教材操作。在教材选用过程中,学校、教学单位及课程组要指导教师加强对课程标准的理解、加强教师从教材库或开放的教材信息系统中检索教材的基本能力、加强教师对教材数据进行对比分析能力、加强教师对教材开展教学预分析的能力以及加强对学生意见征询的处理能力。教材选用中要重点关注教材内容的职业性、先进性、实践性等程度、内容的教学组织方式、数字化教学资源的配套情况和教材的出版时间等,并结合本校人才培养需要尽量选出适用性高的教材。

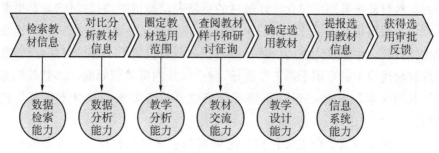

图3-2 一般教材选用基本流程和匹配能力

2. 通过培训提升教师(教学团队)教材建设开发能力

职业教育服务区域经济发展需要,职业院校教育教学的内容不仅要满足当地产业人才岗位的职业要求,更要及时跟进产业的最新发展。这也就决定了职业教育教材比普通教育的教材更需要考虑地域的多样性和内容修订更新的频率。同时,对于一些公共基础课程或专业基础课程而言,国家规划教材优势比较明显,但对于一些专业方向性较强的核心课程、拓展课程或地方培养要求显著的课程而言,职业院校需要进一步加强教材的建设开发,来满足地方职业人才的特色培养需要。因此,建设开发适用的教材是职业院校教师的基本工作任务。教师建设开发教材的过程一般包括:分析职业标准和教学标准、分析职业岗位任务、确定教材呈现形态、设计组织教学项目、表达转化教材内容、开发配套数字资源、整体检查并提交审核与出版(图3-3)。对应于教材建设过程的教师(教学团队)应具有职业或教学标准的理解落实能力,熟悉掌握职业岗位任务的能力,梳理、挖掘项目任务和对教学项目进行整体设计、单元设计能力,文字表达能力,图形图像制作能力,理解和开发新形态教材的能力,数字化资源开发实现能力,意识形态把握能力及课堂教学应用能力等。

教材改革的关键是教师转变教材编写的思维,以职业教育所需的教材编写理念去设计和编写教材,并在编写过程中充分理解职业岗位能力,掌握从职业岗位中如何提取项目、任务、场景、事件、成果、管理等要素素材的方法,

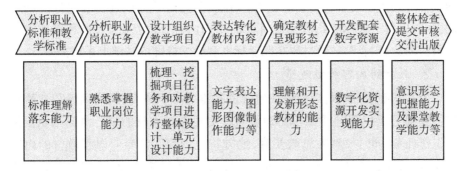

图 3-3 开发教材的一般过程

掌握将工作体系的岗位任务内容转化为教学体系的教材描述内容的方法。将教材从学科式知识体系转化为职业能力体系,将教材从章节式的内容组织转变成项目任务的组织方式,将教材从单纯的课堂教学场景转换为职业情境、企业要素的教学场景需要。

总之,教师对于教材的选用和开发素质能力需要熟悉相关政策文件,熟悉职业教育教学原理方法,专业化的培训指导非常必要。培训不是目的,培训后要将所学内容应用到教材选用和建设的工作实践中,并需要对培训效果进行测评,才能保证参训所学体现效果、发挥价值。

(四)教材内容改革

职业教育教材的内容承载着课程培养目标的实现,应包含职业岗位所需的知识内容、能力训练内容和素质养成所需的内容。同时,职业教育教材面临的系列问题,如职业特征不充分、内容滞后于产业发展、育人功能发挥不充分、配套资源系统不够完整、地域特色不够突出等也均与内容改革密切相关。解决这些内容问题,可以主要从改革教材的内容依据、内容构成、内容来源三方面实现。

1. 教材的内容依据

教材编写要依据"两个基本标准",即国家职业标准和课程教学标准,这两个标准代表着工作线索和教学线索。职业标准是来自产业岗位,根据职业活动内容,对从业人员能力水平作出规范性的要求,是职业院校毕业生就业后应该具有的知识能力和素质水平。它确定了教学培养的输出性要求。课程教学标准是职业院校对课程教学的规范性定义,是对职业标准的教学话语的转化。课程教学标准确定了课程教学实施的规范,是教学培养输入环节的要求。两个标准明确了岗位及课程的知识、能力和素质目标,对课程应包含的教学内容作了初步的规范。教材内容应在对教学标准进行细化拆分的基础上,对应每一条标准甄选实现目标的知识内容、能力训练项目和素质养成项目。因此,职业院校教材要在职业标准和教学标准的基础上进行开发。

2. 教材的内容构成改革

公共基础课程教材内容要在包含课程本体知识体系、能力训练和素质养成的基础上,融入职业要素和思政要素。专业课程教材的核心内容是职业岗位工作任务,同时要融入思政要素、地方特色内容等。专业课程教材的内容要充分匹配职业岗位工作任务,以工作任务为主线进行设计,突出实践能力培养,将真实岗位工作的业务、流程、项目、案例、情境、技术、工艺、规范等纳入教材内容。

教材还应具有育人功能,体现对立德树人任务的落实。职业教育高质量的教材应实现思想道德、知识、技术技能内容的一体化设计。因此,教材编写者在开发时要实现对课程思政要素的挖掘和有机融入。为使教材的育人功能更贴切,同时也要避免不同课程的思政要素雷同,要尽量围绕课程本身对应的职业岗位中包含的特有思政要素进行挖掘,让学生在不同的课程学习中,在职业岗位知识学习和能力训练的过程中自然地接受、践行和提升素质。对于一些需要突出地方产业特点及优势的课程,还要注意在教材和课程中纳入地方产业要素,让学生在形成专业能力的过程中培养起对家乡的热爱和服务地方发展的责任心。

"岗课赛证"融合是当下职业教育课程改革的一个主要方向,教材内容的设计也应充分考虑这四类要素的有机衔接和有效融合。其中"岗"是其他三要素的基础,是课程内容的根本来源;"赛"是职业技能比拼,代表技能学习的标杆性水平;"证"体现了行业对学生获取的职业资格凭据或技能等级证明。"课"与"岗""赛""证"的融通,就是以岗位职业能力为核心,融入职业技能大赛和职业证书类标准,实现对专业课程体系及课程内容的优化,进一步提升人才培养质量。从教材内容的编写角度考虑"岗课赛证"融合就是从职业岗位工作任务中获取教材内容,面向课程教学实施设计教材内容,结合职业技能大赛、职业资格证书或职业技能等级证书优化教材内容。

3. 改革教材的内容来源

在职业教育大规模发展阶段,教材编写较为混乱,"从教材到教材"的抄袭式编写方式比较普遍,出现了大量重复和低质量的教材。职业教育教材中的知识性内容主要来自学科知识,教师可以在现有知识体系的资料中进行借鉴。职业能力的训练和素质养成的工作项目却主要来自职业岗位。职业岗位工作和产业行业发展要素是职业教育教材内容的主要来源。所以,职业院校教师在开发教材时,一是要在充分掌握职业教育教学规律和职业岗位工作素材的基础上,引入真实的工作任务、情境、案例等内容;二是要协同企业专家实现"双元"主体开发教材,确保教材内容的职业性、先进性和动态发展性等要求。职业教育的教材改革应把面向生产线、面向实际劳动环境,作为教材开发的根本要求。校企"双元"协作开发教材应成为职业教育教材开发的主要方式。

(五) 教材内容的结构组织

在前面分析教材对职业教育课堂教学模式/方法的适配性不强部分提到,职业教育教材不仅要在内容上引入企业真实的生产项目、典型任务和实际案例,还应在内容的组织上适应职业教育课堂教学规律,以工作过程和职业行动导向组织教学内容。项目化、案例式、手册式等内容组织方式的教材成为适应职业教育教学的典型类型。

1. 项目化教材改革

作为近年来职业教育教学领域最流行的教材组织类型,项目化教材改变了传统学科式教材的弊端,以工作项目为教材编写的贯穿主线,基于系统工作过程,以工作任务驱动项目实施过程,以项目组织形式代替了学科式的知识组织形式,更好地体现职业教育教学的实践性特征和职业岗位任务需要,因此更适合职业教育教学应用。项目化课程体系是我国高等职业教育改革的主要方向。

项目化教材可以引导学生作为教学活动的主体,在教师的指导下,通过亲自动手实践完成教学过程。学生在项目化教学活动中将完成知识的主动构建、项目决策、任务操作、成效评价等过程,实现"做中学",在完成项目任务的同时掌握职业岗位所需的知识,形成相应的职业能力和素质。

项目化教材可以包含整体项目设计、单元项目设计、项目任务设计、项目任务实施和实施评价等环节。整体项目设计是将整个教材设计为一个覆盖整体教学目标实现且系统集成度高的典型项目,再按照项目的任务结构将整体项目进行单元项目的拆分。每个单元项目具有相对独立的目标模块和任务模块集合,且都服务于整体项目目标的实现。对整体项目而言,每个单元项目都是子项目。子项目在独立达成教学目标要求的同时与其他项目协同实现课程教学的整体目标。在每个项目中包含若干工作任务,工作任务包含了各个项目的实施程序和实施内容。教师指导学生在完成项目中所有工作任务后,也就顺理成章地完成了相应的项目。项目化教材的组织包括了整体项目、单元项目和工作任务(如图3-4)。

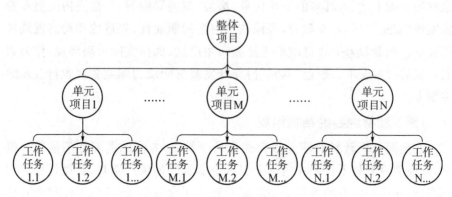

图3-4 项目化教材组织结构

教学项目代表了职业岗位的典型工作活动,基本体现了职业岗位的实际工作过程。因此,开发好项目化教材对职业教育教学意义重大。教材开发的难点和关键点主要在教学项目的开发上。

教师应该如何开发适用的教材项目呢?根据一般经验,教师开发教材项目可以有4种方式:① 从职业岗位的真实工作中直接挖掘,引入企业真实项目和工作任务,1:1对应迁移到教育教学中;② 教师结合职业教育教学需要对企业实际项目进行改造扩展,使之更具有系统性和典型性,也能够更适用于职业教育教学规律;③ 教师结合扎实的企业实践经验和丰富的教学经验直接编写项目,设计较为理想的教学项目,来实现课程教学的目标。④ 融通"岗课赛证"标准和内容要求,整合资源,开发教材。第一种类型显然是国内教材编写中最被鼓励也是编者最常用的方式,这种方式项目真实,能够引导学生了解和掌握岗位的知识、能力训练和素质养成。这种类型的难度主要是如何从大量项目中筛选和挖掘高质量的项目。第二种方式是教师在从企业挖掘真实项目的基础上,为了更好地实现课程教学目标和适应教学需要,去除原真实项目中一些重复、冗余或不适用元素,同时增加职业能力训练集中度更高的内容,并增加提升思政素质相关元素等。第三种方式需要教师具有很高的专业能力和非常丰富的教学经验,能够游刃有余地设计和开发出职业性、教学性、育人性等功能承载完整的高质量的教学项目。第四种也是当下教材开发的热点方式,需要编写团队在对岗、课、赛、证维度充分理解的基础上,综合考虑四个维度的要求和内容,整合岗位根源性要素、教学导向性要素、比赛标杆性要素和行业评价性要素,实现完整的人才培养目标。

教材开发团队应结合岗位及教学标准要求以及编写团队的能力水平选择合适的教材开发方式,最大化教材编写效益。

> **教学项目应体现这些要求:**
> - 项目内容必须以职业活动导向工作过程导向,突出能力目标实现;
> - 项目要能激发学生兴趣调动学习动力,包含个体的认知愿望、娱乐兴趣、战胜世界本能愿望等;
> - 项目内容充分覆盖教学目标,并结合地方人才需要融入产业特色属性;
> - 项目要便于学生遍历职业岗位,在实践过程中学习,掌握知识和训练能力;
> - 项目要便于学生从错误中学习,包含对现实岗位中的操作错误内容设计;
> - 项目要给予学生决策、创新以及发挥想象力的空间,并便于学生从团队协作中学习;
> - 项目要按照建构主义学习观组织项目教学,让学生在实践中主动建构知识,真正掌握专业知识和训练精湛的业务能力;
> - 项目要体现出从个别到一般,从具体到抽象,让学生的知识学习和技能掌握具有普适性;
> - 包含思政要素如思想政治道德素质、职业道德和素质、个人品性和变化提升要素;
> - 其他非专业能力要素的承载,如:外语和计算能力、社会能力和方法能力、解决问题能力等。

2. 案例式教材改革

案例式教材以生动的案例展现专业知识和技能应用的过程及效果。开发者基于职业能力和素质的培养需要,把企业真实发生的工作任务进行描述展现,体现一个较为完整的工作过程和工作结果。结合课程需要,案例式教材可以展现出一个方案、产品、项目、软件、作品等的工作过程和工作结果。

案例式的内容组织方式可以完整地表达和展示知识和技能应用在企业实际工作中的过程,可以体现出现实职业岗位的有效示范。学生可以在跟随案例学习的过程中进行模仿经历、体验分析、归纳总结等。因为案例往往具有生动鲜活的特征,具有情境、情节、角色以及故事性要素,容易引导学生对号入座,代入自身,体验一项较为完整的工作。学生在案例学习后,可以将从案例中学习到的知识和技能迁移到同类典型案例或任务过程中。

案例既是个例又应具有典型代表性,应尽可能承载课程要求的知识、能力、素质要素,让学生在观察和模仿中掌握专业知识能力,形成应有的专业素质。案例内容一般包含案例发生的背景、角色主体、工作过程、工作结果等内容,是一个相对完整的事件业务或项目任务,是从问题或任务分析到展示解决问题的实践操作,再到描述发展结果的推进式过程。

案例与项目的不同在于,案例更强调结构化完整地展示,让学生在学习案例的过程中思考、模仿和迁移;而项目更强调学生主动地构建知识和决策实践过程,对学生的互动性设计要求高。案例式教学内容对知识和技能训练的展示程度高,不强调学习者参与引发的情境变化,因此创造性、灵活性略低于项目式,但知识和技能训练传递效率高,适用于岗位业务内容相对稳定、知识性强、技术性相对稳定的职业;项目化教学内容更考虑学习者的参与程度和决策深度,对教学内容和教学效果都可能产生留白,教学效率传递弱于案例式,但学习者经历知识的自我建构和能力的自我提升,学习效果在深度上更具有优势。一般来说,知识性、技术性、规范性较强和职业情境相对稳定的课程适用于案例式教材,实践操作性、创造性和应用迁移性较强的课程适用于项目化教材。

案例呈现与教学项目不同,但开发过程中与项目开发过程类似。案例式教材的编写团队可以从真实企业直接获得一手典型案例、经过教学改造完善的典型案例或团队综合企业实践经验及教学经验编写的典型案例。教材编写团队需要具有较高的案例挖掘能力和编写改造能力。

3. 手册式教材改革

手册最初适用于包含对主人有用信息的小型或便携式书籍,《牛津英语词典》中将手册定义为"任何提供特定主题事实、某些艺术或职业指导、机器操作说明或游客信息等信息的书籍"。一般来说,手册主要指汇集某一或若干学科和专业领域的基本知识、数据、术语、概念、原理、数据、图表、公式、标准等内容的工具书或参考资料,是一种便于浏览、翻检的册子。按照收录的内容,手册可分为综合性手册和专业性手册。综合性手册概括的知识面比较广泛。专业性手册的内容只涉及某一领域、某一学科或者某一主题的专门知识。这些知识往往为了方便使用者日常生活或工作学习中经常查看,随时翻阅,往往作为介绍一般性的或某种专业知识的工具书或简明扼要书。手册分类清晰,易于查阅,读者可以根据遇到的情况查阅对应栏目。

职业教育手册式教材可以界定为一种以手册形式组织编排的职业教育教材类型。在工程类的一些职业岗位如设计制造、维护维修、化验检测、信息技术等相关岗位中,许多常规操作任务相对独立但需要明确具体且严格精准的控制,工作者在不熟悉或者没有形成对任务操作的精准记忆时需要认真查阅具体的要求规范、概念原理、数据图表以及操作程序等内容,并在查阅基础上参考和执行下一步的任务操作。除了工程类职业岗位中,一些法律类、商贸类甚至艺术类、教育类等职业岗位人员也需要经常通过专业性书籍或手册进行查阅学习和参考操作。因此,原则上适用于各类职业教育专业人才培养。在职业教育教学中开发和使用手册式教材也非常必要。

手册式教材是否适用于所有职业教育课程?判断课程是否适合手册式教材开发的依据主要从岗位应用需求角度和知识内容手册化组织可行性的角度。岗位应用需求角度主要看岗位面向的职业场景变化是否丰富,课程所覆盖的知识和技能点是否需要查阅参考。如果包含烦琐的流程、严格的规范或者精细要求的数据内容,学习者需要在使用中通过查阅手册参考才能开展工作。知识内容的可行性主要看职业岗位内容转化为教材内容时具有相对平行的知识技能分类,且类别之间具有相对的独立性,不会因其他类别受限,便于学习者分类检索及查询。知识类别下包含粒度较小的知识技能内容,且能够被封装成为相对独立的知识技能模块,不受到其他知识技能点的干扰。手册式教材的知识技能粒度应该有助于直接导向对相应知识的理解和技能的掌握,并促进工作任务的执行和决策,并在面向培养实践操作能力方面具有很强的针对性。手册式教材的开发和使用还应与专业课程体系设置联系起来,系统设计教学安排、教材资源和课程资源体系。

手册式教材开发的内容类别:按照教材内容的类型,可将手册式教材分为知识型手册、操作型手册和复合型手册。知识型手册以专业理论知识为主,包含专业概念、原理、公式、图表、数据、规则等学科性或事实性内容。操作型手册以专业技能操作为主,包含操作内容、工具、程序、方法等实践性内容。复合型手册既包含理论知识,又包含实践操作内容。理论上来说,职业教育教学突出实践能力培养的需要和手册式教材面向实践操作并按照行动进行组织的特征较为契合,因此在职业教育课程中具有显著优势。

在内容组织的维度上,对应职业院校专业课程的教材有的从职业岗位技能维度设置,如《电商美工》《网店运营与推广》《电商供应链管理》,有的从操作对象维度设置,如《服装营销教程》《房地产营销与策划》《食品营销》,有的从操作工具维度设置课程,如《心脏起搏器教程》《Python实用教程》,也有的从职业岗位维度进行设置,如《互联网营销师教程》《母婴护理师教程》《制造业质量检验员教程》。从手册式教材的对应上看,聚焦职业岗位专业技能主题的手册,如《鲁菜制作手册》《家禽饲养手册》《糖尿病人护理手册》《摩托车维修手册》等;聚焦一种职业岗位典型工作任务的手册,如《化学工程师手册》《机械工程师标准手册》《中式面点师手册》等。可以根据课程体系设置的需要在2个及以上连续的授课学期应用一本手册式教材,也可以设计面向操作对象或操作工具的手册式教材。一些职业资格证书、职业技能等级证书的相应教材也开始向手册式教材改革。

不论依据哪种类别设计手册式教材,教材内容对应岗位或技能工作内容的覆盖要完整且实用,即可作为专业学习的依据,也可作为岗位工作的指南和助手。在对应课程方面,无论是知识型手册还是操作型手册,可以对应一门课程,也可以对应多门课程。教师可以根据教学计划和教学进度需要,引导学生主动查阅手册以及开展小组学习,还可以在项目化教学和实习实践中作为教学素材和学习工作指南使用。

职业教育手册式教材的开发过程:手册式教材的开发要对应职业岗位任务,梳理出典型的知识技能模块和知识技能单元。对于面向职业岗位的课程,手册式教材应以该岗位的典型工作任务为分类依据,分别挖掘和设计对应每一个任务类别的教学单元和知识技能模块。如《中式面点师手册》可以按照不同类型的中式面点为分类依据,再按照不同的面点类别技能需要设计构成分类模块的子模块,以平行或串行逻辑组织子模块——更小的知识技能单元。从类别模块到知识技能单元都能保持相对的独立性,知识技能单元应封装此单元所需的原理、数据、图表、流程等完整内容。引自职业标准或其他标准的内容要注意标明来源。

对于面向职业技能的课程,可将职业技能进行二级技能模块的划分,封装每项技能包含的规范要求、材料数据、操作步骤等内容。

职业教育手册式教材不应仅仅是学科性知识的查阅手册,而应该突出操作技能的集合汇编，突出动手能力训练。特别注意，手册式教材也要充分体现知识能力和素质要素的封装，对于体现违规操作和引发故障的流程进行设计，确保教材完整的育人功能。因此，正确操作、错误操作、故障排除等要综合考虑纳入手册式教材。手册式教材用于查阅参考的目的，面向的职业场景相对具体，操作程序也较为固定，会缺乏必要的灵活性和创造性。对于超出教材场景范围的知识技能包容性不足，因此，对手册式教材补充基于互联网的电子资源，保持开放性和扩展性非常必要。如通过二维码扫码展示教材内容对应的图片、公式、视频等素材。

4. 活页式教材改革

活页式教材借鉴了活页笔记本（记事本）的形式，由封皮、活页夹或线圈以及图书纸张构成。活页夹或线圈串联的方式可以方便纸张的随意拆卸，灵活地添加、删除、更换以及组合整理教材内容，特别是能够通过活页将反映产业最新发展的新技术、新工艺、新规范等内容及时纳入教材，解决职业教育教材滞后于产业发展的问题，因此对职业教育教学应用具有较高的适切性。

活页式教材的优点有哪些？活页式教材不只是教材外在形式上的活页装订，更重要的是突出了对职业教育教材内容和教学特点上的需求满足。职业教育教材尤其是专业课程教材对反映产业岗位新技术、新工艺、新规范等的内容对接要求较高，需要及时吸纳产业发展的最新要素充实优化教材和课程内容，并借此通过改革教学内容提升人才培养质量和职业教育的适应性。与传统形式固定纸张的教材相比，活页式教材为教材内容的及时更新提供了便利的空间，更好地解决教学内容滞后于产业岗位发展的问题，提高人才培养的适应性。同时，活页式教材还可以通过活页式的笔记促进学生将学习笔记、自行查阅及教师补充讲授的知识内容补充进教材。个性化的教材内容结构，丰富了教材的学习功能，将"教材"变成学生个体学习的"学材"，从而更有效地突出了学生的主体地位，提高了学习效果。因此，活页式教材具有较强的用户参与二次开发属性。活页式教材还便于灵活地设计和组合教学项目。学生可以在学习或者岗位实践中根据个人学习基础、学习兴趣和掌握情况等选择要学习或实践的项目内容，实现个性化学习。最后活页式教材也便于对单个项目进行灵活地评价。在每个项目设置考核评价清单，学完一个项目后，评价清单可单独拿出，用以检测和评价学生的学习和实战情况，及时跟进教学效果。

哪些课程更需要活页式教材？首先是该课程匹配产业变化速度快、频率高的岗位领域。这些变化有的是伴随新技术、新经济模式的发展不断催生了新的技术标准、工艺规范，新的职业岗位、流程模式，也有的是易受到国内、国际政策发展或经济形势的变化，从而引发相应岗位的职业能力发生动态调整变迁。活页式教材为教材内容的及时更新提供了空间，促进了职业教育教学内容与产业发展的深度契合。其次是实践教学中易激发改进探索及创造性成果的课程。职业教育突出对学生实践能力的培养，一些课程实践能力训练项目和理实一体化教学的开展是有效提升学生实践能力的关键，但同时学生作为学习的主体，在实践过程中必然会对所学知识进行个性构建和应用重现，甚至可能产生对现有知识的批判性思考或技术工艺的改进探索。易在实践过程中激发个性探索和创造性成果的课程非常适合活页式教材，为学生的创新创造提供资源补充空间。再次是课程包含的项目模块易于组合且可以支持不同岗位任务的需要。学习者可以从活页式教材中择取部分项目模块组合来进行学习，用在具体的岗位任务中。当教学中涉及一个需要小组协作的项目任务时，小组成员也可以根据任务分工选择活页式教材中的部分内容进行重点的学习应用。

  如何设计与开发活页式教材？明确了哪些课程更需要活页式教材，然后就要考虑如何对活页式教材进行设计。对活页式教材的设计开发要系统考虑活页式教材的内容、结构、资源、开发主体及装订形式等。活页式教材不仅有活页式装订的教材内容本身，还应有配套活页式教材内容的电子资源、为学生提供学习参与的活页式笔记以及为教师开展教学提供的教案、课件、案例等辅助教学资料等。

  首先是活页式教材的内容。职业教育活页式教材内容源于职业岗位的典型工作任务，并随产业发展和岗位职业能力要求的变化而更新。活页式教材内容应在突出职业性和实践性的基础上强调先进性和对产业岗位的适应性。将企业对职业岗位能力的要求转化为教材育人目标的要求，以课程的教学标准为导向，以实际岗位工作任务内容作为教材内容素材，结合相应专业"岗课赛证"要求，完善内容体系。活页式教材应在必要的理论知识基础上重点突出岗位任务的操作实践，满足职业教育"学中做""做中学"的需要。活页式教材的"活"主要体现在通过及时吸纳产业行业最新的工艺流程、技术成果、规范标准以及案例事件等，以活动式的页面对原有教材内容进行补充或者对旧的知识内容进行更新替换，方便及时将产业对人才的需求通过教学内容升级传达到教学过程中，提升人才培养效果。活页式教材内容体系应体现基于岗位职业能力的模块化结构。内容模块可以按照岗位内容、业务环节或技能类型等进行拆分,既能够保障各模块之间的相对独立性,又能够提供必要的自由组合应用,从而促进教学过程中的个性化学习和分工协作项目任务。

其次是活页式教材的配套资源和教学资料。在活页式教材的编纂过程中,若需对其内容进行更为丰富、细致且持续的更新,以及更加直观地展示时,需要通过动态更新的网站或互动媒体提供配套的电子资源。配套电子资源可以承载更多专业内容和教学资源,突破纸质教材的空间限制。通过电子资源实现,教材开发者可以实时对接产业发展,面向教材使用者提供最新的前沿动态、技术发展、项目案例等信息。对一些需要现场展示、实物操作或复杂技术呈现的知识内容,还可以用VR/AR(虚拟现实/增强现实)技术将现场实境及模拟仿真的效果内容做成视频、录像或互动式操作软件进行直观的表达,应用在教学过程中,辅助更为先进的内容教学。教材配套的教学资料方便教师对教材的使用,为教师的教学设计和教学活动开展提供资源辅助。

然后是活页式教材的活页式笔记。活页式笔记设计也非常必要。活页式教材不同于以往传统教材,其更强调学生在学习过程中通过主动思考和动手实践理解和应用知识,按照教材设计的步骤环节将对理论知识的理解应用于实践过程,记录学习过程中的重点难点,记录动手实践的操作过程、数据结果、心得体会等,帮助学生掌握实际工作岗位中执行任务的能力。活页式笔记的存在促进了学生和教材之间的互动,为学生掌握专业技能、形成实践能力以及批判改进等学习和创新提供空间,为学生从单纯的学习者进一步变成产业发展的推动者和知识技能的创造者提供机会。也因为活页式笔记的存在使得学生在学习中主体性的地位进一步发挥。可以说,活页式教材是帮助学生实现有效学习的重要工具。

再次是活页式教材应由校企"双元"主体共同开发。职业教育的职业性特点决定了校企"双元"主体共同开发教材的必要性。活页式教材的及时更新需要决定了"双元"主体开发不仅必要,而且是活页式教材得以形成和使用的关键。"双元"主体开发教材的实质是由学校优秀教师与企业一线实践专家共同对教材内容进行开发建设。开发团队中的学校教师应熟练掌握学科专业知识、职业岗位技能和职业教育教学规律,能够从教育者的视角将企业所需的职业能力标准转化为教学目标要求,将真实的企业项目案例转化为教学项目案例,将企业专家的技术应用、操作步骤等转化为实践教学内容,并深刻理解企业真实业务工作中蕴含的价值要求和思政要素,将体现精益求精、追求卓越的工匠精神等思政元素融入教材和教学过程。教师主体主要承担将职业岗位工作要素的话语体系转变为职业教育教材的话语体系,实现职业和教育的话语融合的关键任务。开发团队中的企业专家身处岗位一线,是工作任务的实践者,应熟悉产业企业运行规律,熟练掌握职业岗位典型任务和操作技能,体现较高职业能力的能工巧匠、行家里手。企业专家能够直接对接产业发展,深刻把握产业发展趋势,并对新技术、新工艺及新规范的理解更加深刻,能很好地将职业岗位和新技术要素等进行操作和表达,提供教材所需内容资源和发展要素,实现"所教即所需",能够确保教材内容的职业性、先进性等特征。

最后是教材的开发过程要点。教材开发团队应首先注意研究教材对应的课程标准、职业岗位对应的职业标准,立足职业岗位现实工作任务,结合技能大赛和职业等级证书等相关要求确立教材的编写目标、编写理念,整体设计教材内容体系;然后对教材的内容模块和程序化结构进行具体设计和编写分工,确保活页式教材的内容模块在相对独立的基础上共同实现课程教学目标,确保"双元"主体在每一个内容模块上的协同合作;接着在教材编写中要注意细化编写要求和统一编写标准规范,按照活页式教材的编写要求部署和检验团队成员的开发工作;还要对教材配套的电子资源的开发进行内容和标准规范的设计,确保活页式教材资源体系的完整性;并对活页式教材内容的更新、补充、调整和完善订立机制,确保活页式教材内容资源的先进性、动态性有效实现;最后需要强调的是活页式教材的开发周期是不断循环迭代的过程,即使在教材出版后使用的过程中,开发团队也应持续对接产业岗位发展,不断通过活页方式或电子资源方式更新教材内容,补充教学资源。

因在职业教育教学中突出的适切性,手册式教材、活页式教材已经逐渐成为职业教育教材改革的热点。

(六)教材的数字化形态改革

1. 职业教育教材为什么需要数字化?

教材的数字化形态是指教材不再是单纯的纸质教材形式,而是以数字化形式展现部分或全部内容的教材,也就是融合纸质和数字媒体的融媒体教材以及脱离纸质介质纯粹的数字化教材。

教材的数字化形态首先是基于教材本体对课程信息充分表达、传达的需要。传统教材一般通过依附在纸面上的文本和图片信息传递知识内容。学习者通过阅读查看平面上的文字和图片进行理解、转化形成认知。在此过程中调用的主要是学习者的平面视觉功能(多数教材是以黑白色调为主的教材)。而在现实世界中,人类的视觉是立体的、多彩的,而且不仅运用视觉,人们还运用听觉、触觉、嗅觉、味觉等察觉能力对自然万物和社会生活进行学习和改造。主要交付视觉能力的纸质教材并不能提供最真实充分的察觉和学习。这是所有纸质教材都具有的局限性。尽管有些课程可能在教师授课或后续的实践课程中能得到补充,但在纸质教材这一环节也容易产生学生自主学习的障碍。虽然数字化技术还不能实现嗅觉和味觉信息的传达,但在视觉、听觉方面的信息表达已经非常高效,并且借助VR/AR技术在触觉方面的信息表达也取得了突破。当下教材的数字化发展方向主要体现在对视觉、听觉信息的充分集成和高效呈现上。

其次,职业教育特点决定了职业教育教材对多样化媒体信息呈现的需要。职业教育是突出岗位实践能力培养的教育,因此在教材内容上除了必要的概念原理等理论知识,更要突出职业岗位任务的技术技能训练。在对有关教学内容的表达形式上,包含项目训练的模拟环境和具有职业场景化的操作录像、演示动画以及基于虚拟仿真技术实现的互动程序更具有优势。如在一些情景具体、步骤详细的课程中,运用模拟动画或现场录像将真实职业的行为要素(包含时空要素)进行反复重现;在一些具有复杂空间或微观世界表达的课程中,依托动画技术、VR/AR等实现三维视图、追踪触摸,突破纸质教材不易表达的空间和触感信息,帮助学生通过视、听、触等感觉理解晦涩难懂的技术表达。教材的数字化信息表达是进一步拓展教材原生功能的体现。

同时,数字技术能及时将反映产业最新发展的技术工艺、标准规范等内容通过互联网平台以数字教材或配套资源的形式传递到学生面前,及时更新或快速补充教材内容,增加最新学科动向和热点,删除过时的知识点,持续保持教材的先进性和适应性,解决传统教材开发出版周期长、滞后于产业行业快速发展的局限性,也为纸质教材拓展了内容承载空间,为学生的灵活学习和有效学习赋予更大的助力。

另外,当代学生早已是"数字居民",具有数字化学习的思维和惯性。尤其是对便携式手机、平板等移动终端的利用更为依赖。根据多元智能理论,相比抽象逻辑思维,职业院校学生更擅长直观形象化的思维,具有较强的动手操作能力,更愿意通过模仿、实践等进行主动参与式的学习。形象的职业仿真场景,表现力强且实用的视频、动画等媒体形式可以提升学生的学习兴趣,激发学习热情,提高学习效率。因此,教材数字化时机已经成熟,已经是当前职业教育教材改革的重要内容。

职业教育中数字化需求较高的课程教材主要有:① 知识抽象难懂,通过文本信息理解有难度,需要音视频、3D动画等富媒体形式表达信息的课程教材;② 产业变化快、内容发展更新要求高的课程教材,尤其是活页式教材,需要借助数字化资源补充完善纸质教材;③ 技能动作示范性强,文字表达不够生动和完整,需要借助动画和视频等信息表达的课程;④ 校内实训场景不易构造,职业场景信息要求较高,需要借助视频、VR/AR等技术表达的课程教材。

2. 教材的数字化分类

从应用角度看,教材数字化包括纸质教材配套数字化资源和纯粹数字化教材两大类。纸质教材配套数字化资源是对原纸质教材的补充和提升,起到丰富、强化和完善的作用。即使没有配套资源,纸质教材也仍然可以独立使用。但配套资源却能够促进教学改进,提升教学效率,提高学生知识技能掌握的效果。纸质教材配套数字化资源主要包括教材补充产业发展、案例、项目、课件教案、习题、图表、标准、证书等内容,以及教材支持教学使用的微课、动画视频以及模拟实训软件等资源(如图3-5)。实现的方法主要是在纸质教材中嵌入二维码形式,为纸质教材和数字化资源搭建连接桥梁。这种教材整体系统也被称为融媒体教材。

图3-5 纸质教材配套数字化资源示意图

纯粹的数字化教材不再包含纸质教材内容，将所有教材内容全部数字化。一般包括三类：一是将原纸质图书扫描转成的电子化教材或将教材内容原文档提供给阅读者的教材，如超星图书和部分提供电子书下载的出版社网站、文档资源分享网站；二是将教材电子文档嵌入专门的电子图书系统或应用程序，用户下载电子书软件系统、App或小程序选择图书进行阅读使用。图书将自动适配电脑、平板或手机端的设备要求，展示内容，提供用户阅读。如当当云阅读电子书、微信读书以及各类小说网站（这也包含一种以音频形式呈现图书内容的有声图书网站或小程序，如喜马拉雅、蜻蜓FM等）；三是高度集成各类富媒体功能、立体交互、学习行为跟踪的智能数字化教材，这类教材依托专门软件系统运行，教材一般具有丰富的媒体表达，结合文本、图像（含3D）、音频、动画、视频、录像、微课和互动小程序等形式呈现教材内容，辅助教学过程。

智能数字化教材系统面向用户具有立体交互功能，一般依托专用的教材网站系统或App程序运行，提供阅读和使用。智能数字化教材除了具有文本、图形图像信息，还有电子导航、媒体超链接或二维码等素材形式，用户阅读使用时可以通过点击查看图表、动画、视频等富媒体信息。一些互动设计性强的教材系统还为用户使用提供笔记备注功能、交互操作功能、分享讨论、测验分析及学习统计等功能，将数字化教材的教与学的使用价值发挥到最大。纯粹的数字化教材通过强大的数字媒体技术，彻底摆脱纸质教材的物理载体局限，并依托网络教材系统或专用App软件提供教材形态的应用环境，为教学内容的细节展示、操作演示和情境再现提供了强大助力。教师和学生阅读、使用数字化教材，并通过交互技术实现对教材的阅读记录、链接学习、学习备注、微课视频播放等操作。在数字化教材中，主要通过超链接、二维码技术以及为用户提供标注、画笔、录音、翻译、查阅、笔记等实用小工具，实现教材的使用交互。

3. 数字化教材设计开发注意事项

- ✓ 立足职业教育课程本身的教学需要，一体化设计纸质教材的配套数字化资源或数字化教材；
- ✓ 数字化资源内容必须体现党和国家意志，体现正确的价值观，反映主流意识形态，内容没有歧义；
- ✓ 教材数字化内容要充分借助文字、图片、音视频等富媒体资源及VR/AR技术等进行表达，充分调用视、听、触感能力；
- ✓ 数字化资源表达的理论知识和实践操作都要科学准确、完整细致；
- ✓ 数字化资源的设计和制作注重趣味，图片、动画视频等都要清晰生动，对学生有吸引力；
- ✓ 对教师开展数字化教材设计与开发专项培训，加强对教材开发中的媒体制作技术、智能交互技术等技术和方法的培训；
- ✓ 数字化教材的开发要具有系统工程的思维，遵循一体化设计、内容和功能开发、用户测试、持续改进的工作思路，不断完善数字化教材的开发和使用；
- ✓ 适应职业教育教学课堂加强行动导向教材的数字化资源和项目建设。

活页式教材、工作手册式教材、多媒体教材、AR教材、融媒体教材等都是职业教育领域重点建设的新形态教材。教材形态不同，优势不同，信息呈现和使用方式也各不相同，资源链接的途径也存在差异。对教材形态的选择和开发实现主要依据课程自身的需要，在综合考虑教学目标、内容构成、教学模式的基础上进行整体设计，并借助先进的数字媒体技术、AR/VR技术等进行设计开发。传统的纸质教材虽然一直有携带不便、呈现单一、内容受限的缺陷，但对介质要求低，适应广大用户阅读习惯，也是目前最稳定的教材形态。数字化教材虽然灵活生动、画面形象、内容庞大，但对运行环境、移动设备存储、网络速度等也有较高要求。

第四章

"三教"改革之教法改革

在国家出台的相关政策意见及建设任务中,课堂教法改革一向备受关注。如在《关于推动现代职业教育高质量发展的意见》中强调在职业教育教学中要创新教学模式与方法,普遍开展项目教学、情境教学、模块化教学,推动现代信息技术与教育教学深度融合,以此来提高课堂教学质量。在《国务院关于印发国家职业教育改革实施方案》中强调要适应"互联网＋职业教育"发展需求,运用现代信息技术改进教学方式方法。在教育部《关于职业院校专业人才培养方案制订与实施工作的指导意见》中强调要普及项目教学、案例教学、情境教学、模块化教学等教学方式,广泛运用启发式、探究式、讨论式、参与式等教学方法,推广翻转课堂、混合式教学、理实一体教学等新型教学模式,推动课堂教学革命。其中还强调要推进信息技术与教学有机融合,推动大数据、人工智能、虚拟现实等现代信息技术在教育教学中的广泛应用。在《职业教育提质培优行动计划(2020—2023年)》中的第七项重点任务"实施职业教育'三教'改革攻坚行动",提出推动职业学校"课堂革命"以及大力推进"互联网＋""智能＋"教育新形态,推动教育教学变革创新。在全国职业院校技能大赛教学能力比赛中更是强调教学内容、教学设计、教学实施和教学评价等方面的改革创新。因此,无论是推动总体发展的政策还是国家推进具体开展的项目任务中,教学方法改革都是职业教育教学改革的重点。全国职业院校对职业教育课堂教学方法持续开展探索和实践。但是什么是教学法?适合职业教育课堂的教学方法到底是什么?当前形势下我们的职业教育课堂教学具有怎样的需求特点?我们将如何开展改革才能真正提升课堂教学质量,促进人才培养质量提升?这些围绕课堂教学和教法改革的系列问题摆在职业教育研究者和教学工作者面前,需要系统完整地研究及清晰可靠的解决方案。

一、职业教育教学方法内涵

相对于"三教"改革中的教师和教材改革,教法改革是应对教师如何讲授教学内容(教材)的问题,回答教学如何开展的问题。从教学整体系统的角度去回答此问题,就是在教学目标和教学条件的约束下,教师如何设计课程教学、如何实施课程教学、如何评价课程教学等工作过程。单纯从课堂教学的角度去界定,也就是在课堂教学过程中,教师如何改革教学的方法、方式以及模式来提高课堂教学的效率和效果。两种角度都具有非常重要的现实意义,而且前者对后者是包含的关系,也更加能够覆盖到职业教育教学改革的完整环节。而后者对前者而言是核心技术的定位。本研究将瞄准职业院校课程教学如何开展的问题,先对教学方法的影响要素情况进行分析,然后再循序渐进地研究如何推进课堂教学实施的问题。

(一) 教学方法及其要素

通俗意义上的教法即教学方法,学界对此并无统一概念。普适的理解是指在一定教学思想和教学原则的指导下,教师在课堂教学中为实现教学目标、传授教学内容、取得教学效果而采取的方法、方式和手段等。在实际的课堂教学中,教师的教和学生的学是不可分割的要素,学生又是教学活动中的主体。因此,教学又需要立足学生需要,突出学生中心地位,系统性地考虑教法和学法的统一。本研究中的教法包含教师的教法和学生的学法,是师生在课堂教学中运用教学互动和协作的统一方法系统。

教学方法的影响要素:教学方法应用在课堂教学中,是推动教学过程优化的动力要素,是确保教学目标达成和教学效果实现的关键。

课堂教学包含教师、学生主体等要素,承载教学内容的课件、教案、项目、任务等客体要素,挂图、实物、教学仪器设备等工具要素,提供教学场所及场景的空间要素,以及在空间要素中将主体、客体和工具要素联系起来驱动课堂运行的方法要素。

教师要素:教师是知识技能等教学内容的传授者,也是考虑采用何种传授方法以及如何表达教学内容的设计者。教师一般会在对教育教学观念或理念指导下结合教学内容的需要,选用自己熟练掌握的教学方法。教师通过个人的语言、表情、动作等个性化方式,面向学生发出教学信号。有经验的教师擅长组织课堂教学,挖掘学生主体潜力,加强教学互动以及发挥学生团队作用,更有效地实现教学信息的传授和因材施教的效果。每位教师都可结合课程需要围绕教学理念和教学方法的设计对个人的语言能力、肢体动作能力甚至形象气质等特点进行组合,多样化个人对信息表达的方式,形成独特的教学风格。担任相同教学任务的多名教师还可以构成结构化教学团队开展模块化教学,形成教学实施的协同组织。

学生要素:对学生进行学情分析是教学设计环节的重要内容,这意味着教师研究分析并熟悉和掌握作为授课对象的学习者特点,并根据对其学习特点的分析决策教学方法。学习者养成的学习态度、学习习惯、学习方式、学习经验、思维特征等都将影响教学方法的选择。现代教学理念越来越重视学生为中心的课堂教学,多元智能理论和建构主义学习理论等先进的教学理论已经将以学生为中心的教学结构推到了课堂前沿和教学一线中,围绕学生特点进行教学方法的设计和教学活动的组织已经成为课堂教学的关键任务。如问题教学法、行动导向教学法、小组学习法、头脑风暴法、个性化学习、团队竞赛、角色表演等都是以学生为中心的教学方法,教师在教学实施中主要扮演指导者、协调者、监督者的作用。因此,教学方法绝不仅仅是教师主体如何教的方法及学生如何学的方法,也必然是教学方法中的核心组成,教学方法就是教法和学法的统一。

内容要素:教师和学生是教学方法的主体因素,教学内容就是教学方法的客体因素,是教学方法作用的对象。知识性内容、技能性内容不同必然会影响方法的选择。一般来说,对概念原理等认知性知识,教师结合黑板板书、多媒体课件等方式呈现出知识内容,并通过讲授法讲解知识,帮助学生认识和理解教学内容。在讲授过程中教师可以通过陈述式表达、疑问式表达、谬误式表达等多种语言表达技术来多样化呈现教学内容,提升教学效果。对操作性的技能知识,教师可以通过示范教学,采用动手操作法直接操作实物面向学生讲解如何操控设备、仪器和加工生产对象等。也可以利用录像、动画、虚拟现实等方式进行虚拟演示的教学。学生通过观察模仿及亲身操作获得对知识的验证以及对具体技能的掌握。有的内容要素还因其丰富的要素构成、科学务实的程序和方法内涵,形成系统有效的教学方法,如项目化教学法、任务教学法、案例教学法等。

教学道具、仪器设备等工具要素:这些要素是教师在课堂教学中凭借的工具手段。通过工具手段面向学生传递教学信息,不仅使教学更加直观生动,增强学生的认知理解,而且可以助力教师利用教学媒介,超越人体表达的局限进行有效的信息传递。如多媒体教学显示设备,可以有效地传递文字、图像、视频、动画等媒体形式,提供更强的视听效果。仪器、设备、实物、道具等以现实物体代替文字和图像,带来直观的触觉感受和实际操作经验。VR/AR(虚拟现实/增强现实)突破物理世界局限,将虚拟情境代入教学现场,虚实结合实现教学情境扩展,可以有效弥补现实设备资源的不足。一些辅助教学功能的软件不仅提高教学组织效率,还可以通过模拟来补充学校的教学条件,有效提升教学效果。教师对各类教学工具、设备等的恰当应用能够为教学效果的提升起到至关重要的作用。

空间要素:教学开展的主要空间是教室,教室的教学设备配置甚至桌椅配置都可以对教学方法的应用产生重要意义。如在教室采用张贴板教学,在多媒体教室中开展多媒体教学,在配备先进数字化设备的智慧教室中开展智慧教学,在桌椅分组排列时开展小组教学法,在桌椅排列布局为圆形及弧形的教室中便于开展问题式、讨论式等互动教学。除了传统教室,实训室作为实训教学的现场,教师和学生可在实训设备物资的支持下开展演示教学、操作训练、分组项目、情境化教学等实训教学活动。

另外,现代化信息技术支持的网络教学(线上教学)因其在多媒体信息展示、优质资源共享、教学互动效率以及智能化教学管理等方面的种种优势,在当前的教育教学工作中扮演越来越重要的作用,以虚拟教学空间的形式深刻地影响了我国的教育教学形态,创新了教学模式和教学方法。

时间因素:教师可以在时间维度上对教学实施的步骤环节及程序顺序等进行设计,以确保恰当的时间开展恰当的教学活动,利用时间要素提升教学效果。如国内外广为流行的四阶段教学法、六阶段教学法以及翻转课堂等教学方法(模式)。这些方法(模式)的界定都采用了时间维度的表达,注重了教学实施的时间设计和质量关系。教师在实际的教学设计中也会以课前、课中、课后等阶段作为教学活动设计的关键区间,以此取得环环相扣、层层递进的教学效果。

行为因素:教师可以对教学过程中师生的行为要素进行多样化的组织逻辑,并开展富有创意的教学活动。如讲授、谈话、游戏、朗诵、表演、绘画等传统教学方法形式,以及小组研讨教学法、参观教学法、体验教学法、模拟教学法、角色扮演法、头脑风暴法、团队竞赛法、拍卖教学法等创新教学方法形式。行为要素代表以学生为主的行动内容和行为过程,充分尊重了学生主体地位,不仅吸引学生的深度参与,帮助学生真正掌握知识,而且能够产生"行动中出真知、出创新"的效果。教师可以充分发掘行动组织要素在教学中的效用价值,学生通过参与活动加深对知识的理解和运用能力,并随着对行动过程中学习和实践的深化将学习活动从认知理解到应用实践再到评价创造,提高学习的层次和深度。

目标要素:教学目标不像内容要素那样显化在课堂教学中,但主导着教学内容的呈现和教学活动开展的方向,也是教学运行的核心要素。课程教学具有总体的知识、能力和素质目标,拆分到各个教学单元以及课堂中又有细化的教学目标。教学方法的选择应为实现教学目标服务,为更好地传授教学内容服务。一堂课具体的知识目标、技能目标和素质目标等教学目标是一堂课进行教学设计的逻辑起点,决定了教师选择何种教学内容、教学方法或道具设备条件,如何组织教学过程等。对目标层次的划分和达标水平的要求也会影响教学方法的选择。如按照布鲁姆的教育目标分类中对知识目标的6个层次:知道、理解、应用、分析、评价、创造。按照"创造"目标设计的教学方法和"知道"目标设计的教学方法必然不同,前者目标要求的教学方法在学生的思维作用上要更具有深度效力。同样,在情感领域和动作技能领域的目标层次也有相应要求,同样会引发对教学方法的要求变化(图4-1)。

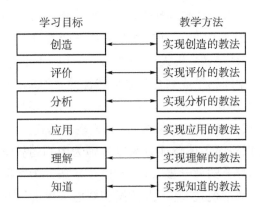

图4-1 不同学习目标对应不同教学方法

综合以上分析,在课堂教学中实施教学方法可以从单一要素进行考量,也可以对多个要素进行综合,探索契合课程教学内容的方法手段。不同的要素以时间、空间序列进行组合排列,会形成各式各样的教学方法。方法本质上就具有较强的灵活性和主观性,"条条大路通罗马",只要能够实现教学目标和优良教学效果的方法都是好的教学方法。教师应在教学实践中积极探索,一些独特且成效显著的教学方式、方法都值得同行学习借鉴。

（二）何谓教学模式

教学模式一般认为是基于一定教学理论或者教学思想形成的一套较为稳定的教学方法体系。它包含了适合课程教学所需的教学理念、教学程序、操作方法、教学条件环境及教学评价等要素。在教学实践中,很多教师对教学方法的理解要好于教学模式,认为方法是具体的、可操作性的,而模式相对笼统。实际上,教学模式和教学方法都是方法论的维度,同样具有重要的行动价值和现实操作性。教学模式封装和集成了教学方法实施的相关要素,能够更系统、更稳定地反映适应课程教学的各种要素之间的逻辑关系,更能够体现出对教育教学规律的把握,更加注重教育教学改革成效,更具有经验的科学性和示范性价值。

教学模式包括如下基本要素：理论依据或教学理念、教学目标、内容资源、操作程序、行为或教学方法、教学主体、场所情境、技术条件等。

为了标识有效教学模式的经验,国内外研究者和实践者从不同教学要素的强化上对教学模式进行命名,提出了各种各样的教学模式。如 CBE（Competency-Based Education）教学模式、OBE（output-based Education）教学模式等是以教学目标为特征的模式表达；理实一体化教学模式、理论教学模式、实践教学模式、基于项目的教学模式（PBL,Project Based Learning）、案例教学模式等是以教学内容或内容类型为特征的教学模式表达；"校中厂""厂中校"教学模式、现场教学模式、线上教学、线上线下混合教学模式是以物理空间场景或虚拟空间场景或结合起来为特征的教学模式；5E 教学模式、翻转课堂、CDIO 教学模式、行动导向教学模式是以操作程序为特征的模式表达；讲授式教学模式、探究式教学模式、抛锚式教学模式是以行为方法本身标识的教学模式；可以按照主体特征分为以教师为中心的教学模式、以学生为中心的教学模式和综合的教学模式；还有以技术条件为特征的教学模式,如基于互联网的线上教学模式、基于大数据和智能程序的智慧教学模式、基于人类和机器（或软件）协作的人机交互教学模式等。有些教学模式本身也是具体的教学方法。如案例教学模式对应案例教学法,PBL 教学模式对应 PBL 教学法,讲授式教学模式对应讲授法,探究式教学模式对应探究式教学方法等。

在职业院校开展课堂教学的实践中也出现了很多探索性、灵活性较强的教学模式。这些创新的教学模式在特征提取和名称的标识上也多是以教学目标、教学内容、教学主体等作为依据维度（图 4-2）。多数教学模式虽然选择了较为核心的方法特征去命名,但并不是只有这一个教学方法,还是需要一些辅助的教学方法协同应用。如在案例教学模式中除了案例为主的教学方法,也可以包含讲授、讨论、展示等教学方法的辅助。

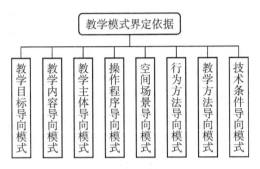

图4-2　教学模式的界定依据

教师在进行一门课程的教学设计时,确定一个稳定的教学模式的顺序一般要先于教学方法。比如对一门基础理论较强的课程,教师决定以讲授法为主,学生参与互动的多种教学方法为辅,这就决定了教师对这门课程实施的基本教学模式为讲授式模式。当教师意识到一门课程的教学需要综合线上线下渠道开展教学时,从教学空间的角度选择了混合式教学模式,从程序行动的角度可能选择了翻转课堂,而在实际课堂活动中也会加入案例讨论、操作示范等多种教学方法。所以教学方法是具体可见的,是教师教学设计中的重点,但其实也是教师在基本确定了教学模式的基础上进行的有效方法选择和组合。教学方法受到教学模式的制约。如果不考虑教学模式,只考虑匹配教学目标和内容的教学方法选择,容易陷入"只见树木不见森林"的孤立的方法思维模式,无益于整体课程的规律把握以及教学设计和实施。

(三)职业教育教学要素推动教学方法改革

职业教育教学方法是由职业院校的教师运用在职业教育课堂教学中的方法。教师运用适当教学方法将职业教育教学内容(包含必要的基础理论和实践能力训练的知识和技能等)面向学生进行有效的信息传递。学生在获得教师传递的教学信息后,发挥主观能动性,借助一定的学习方法,主动参与到知识的构建和能力的训练养成中,获得最佳的课堂教学效果。教学方法包括了教师教的方法方式和学生学的方法方式。

1. 目标要素推进教学方法变革

职业教育专业人才培养目标是职业教育课程教学及课堂教学的上位目

标。职业教育中的各专业通过制定人才培养方案明确总体的人才培养目标，然后将这些总体目标进行拆分，再细化和归类落实到不同的课程教学和培养环节。每门课程受专业人才培养目标总体要求约束，将人才培养目标的知识能力素养目标进行拆分和细化，结合课程本身形成更为具体的课程教学目标，然后落实到课堂教学中实施和实现。实际上每一门专业课程的形成也是经过岗位职业能力分析的结果，相应的知识、能力和素养要求经过分析综合形成不同的课程。

职业教育技术技能人才培养的特点是强化知识应用性和学生实践能力。这就决定了职业教育课程教学也必然是围绕学生的能力实现。这也契合了产业一线对职业教育人才培养的需要。将知识转化为解决问题的能力，尤其是能够在生产制造、服务一线或具体的管理业务中熟悉职业场景和岗位业务的各类情境，熟练应用所学的知识，应该用反复训练后获得的技能和经验。教师应坚持理论教学够用原则，强化实践教学，培养真正适应职业岗位的实践应用能力和创造能力等。突出能力培养的目标特点决定了传统课堂教学将以知识导向、学科导向变成以能力培养为导向的课堂。能力导向的教学目标决定了其他教学要素的变化。教学内容的选择、资源呈现的形式、教师主体的构成、学生主体的组织、教学道具设备等的配置、教学场景的改造、教学模式方法的选择、教学策略程序的调整、教学行为或行动过程的再造等，都要聚焦学生的能力培养进行改革调整。

对应前面提到的布鲁姆教学目标中的认知层次，课堂教学目标的定位不应该仅仅局限在对知识的记忆和理解把握层次，这只是知识的认知初级层次。对知识进一步的应用、分析、评价、创造等层次是高级别的学习目标。高级别的学习目标才能真正体现出知识学习的价值所在。尤其是职业教育类型更加强化知识的应用实践，强调"以能力为本位"的教学实践。职业教育培养的人才不仅要在生产实践中熟练应用知识，更要在实践中分析知识的价值效益，分析和评价不同知识应用的差异，思考对旧有应用知识的改进和创新需要，以较快的方式应对生产实践提出的新要求和新变革等。

2. 内容及资源要素推进教学方法变革

和普通教育不同，职业教育课程内容是适度够用的理论知识加大量丰富的应用实践知识。职业教育课程的理论内容需要来自科学知识的转化，保证原理基础的科学性、规范性。职业教育课程内容尤其是专业课程的教学内容主要源自职业岗位的工作任务。职业岗位的知识、能力和素质要求是课程内容确立的根本要求,来自产业岗位中的项目、任务、案例、工作过程等要素则是直接来自职业岗位的现实内容,也就自然而然地成为职业教育课程教学中的主体内容。为保证对接产业一线的实践性和有效性,职业教育的课程教学内容要紧密对接产业变化进行及时更新。即使一些产业现象和变化还未获得学术界统一、完整的科学论证,但在现实产业中已经形成新的技术、模式、规则和业态等,成为推动产业发展的有效动力。教学内容作为课堂教学活动的操作客体,其应该包括哪些内容以及这些内容如何呈现才能更好地满足教学目标,一直是职业院校教师们在不断探索改革的重点。教育主管部门、各学校立项各类精品课程资源、专业教学资源库等建设项目也是为满足此方面要求而推出的质量工程项目。

当职业教育课程教学的内容不再以理论知识为主,转向以实践操作为主的知识和技能时,传统的讲授法也就无法完全满足教学需要。因为教学内容中需要操作实践的内容,需要经历工作过程的内容仅靠讲授并不能让学生获得知识的体验和应用经验,甚至不能很好地建构起对知识和技能的认知和理解。更能支持职业岗位任务内容教学的方法,如操作演示法、技能训练法、任务驱动法、项目教学法、情境教学法等在适应实践能力培养方法具有更高的适切性,在培养学生的能力形成方面更具效率及效果。因此,职业教育课堂教学要以讲授为主的教学方法转向以实践行动为主的教学方法。即使在有限的概念理论的知识传授中,也要以讲授为主逐渐迁移到学生的自主知识构建为主,让学生在"做中学",在实践中体会,在教师的启发和指导下进行总结归纳。

职业教育中的教学内容对接岗位实践内容,内容与资源的呈现仅靠文字及图片的呈现已经不能满足。具有动态展示效果的动画、真实业务录像以及基于数字化技术实现的 VR/AR 模拟资源和智能教学环境让学生直接体验到教学内容的形态、方法、过程,更有助于促进学生直观地认知、模仿和操作。近年来,随着职业教育教学资源的数字化变革,越来越多的基于数字化技术或智能环境的教学模式、教学方法也在被逐渐探索论证,成为职业教育课堂教学中不可或缺的教学形态。

3. 师生要素推进教学方法变革

和知识相比,能力并不能单纯依靠听取教师的讲授而形成。能力是要由学习者在职业情境下经过操作体验和反复的实践训练才能形成的。职业教育以能力为本位培养学生,学生应该是教学过程的中心。这就要求职业教教学应由教师为中心向学生为中心转移。因此,职业教育更要强调以学生为中心的教学模式和教学方法运用,实现学生的知识构建过程和应用实践操作。职业院校教师应基于建构主义理论和多元智能理论开展以学生为中心的教学改革,尊重学生个体经验和智能特质,选择和设计满足学生知识构建过程、提高业务实践能力的教学方法和模式。

当下阶段,职业院校的生源主要是普通教育考试分层的结果。中职学校的学生是中考成绩较低的群体,高职院校的学生是高考成绩较低的群体和来自中职升学的学生,在传统的学科考试中一直处于劣势。相关研究表明,职业院校学生直观形象思维优于逻辑思维,动手操作智能较为明显。很多学生在各种理论知识的学习方面不擅长或缺乏兴趣,却能够在直接接触职业场景时迅速构建认知和行为能力,对现实世界直接出现的问题应对具有较高的敏感性。这类学生群体的特点并非智力的薄弱,而是智能结构的不同。职业教育通过精心的培养将促进这类学生成才,参与到社会各行各业的岗位工作中发光发热,成长为产业行业领域中的佼佼者,甚至在将来成长为技能大师、大国工匠等。在教育教学过程中要定位学生成长成才的发展性目标,立足学生智能特点和学习状况,选择适用的教学模式和方法,才能提升人才培养的针对性和培养质量。课程中对学生学情的分析除了掌握学生对前序课程掌握的情况、学生已有的知识技能经验之外,还要关注班级规模大小,这也会影响教学方法的选择和实施组织。

职业院校的教师团队在主体构成和教学工作内容方面也呈现出不同于普通教育教师的特点。首先,由于职业教育的职业性特点、产教融合基本模式要求以及人才培养需要,教学团队不仅包括院校内的专职教师,也包括来自企业一线的专家担任兼职教师。企业教师与校内教师一起构成专兼结合的双师团队。双师团队教师在职业教育教学中不仅共同制定人才培养方案,而且在课程建设、教材开发、课堂授课、实践教学、教学评价等各个环节共同开展教学活动。在教学环节,校企双师按照课程职业能力目标要求,对课程教学及实践教学进行模块化分工,形成模块化教学及双主体教师协同的教学模式运行。职业教育教师主体的结构和工作特点也必然会影响教学方法和模式的变革。

4. 空间要素推进教学方法变革

如前面所述,教学空间既包括实现理论教学和实践教学的现实物理空间,也包括借助网络技术实现的虚拟教学空间。职业教育的职业性需要强化对实训教学和真实岗位教学的要求。因此,职业教育的物理教学空间不仅包括教室,还包括实训室和企业现场等职业场景空间,具有二元甚至三元空间的需求特点。因此,教学模式和教学方法也就和普通教育不同,既要重点关注不同场景空间的教学方法变革,满足教学场景、实训场景和企业场景的教学实施,又要重点关注对不同场景空间的无缝结合和有效整合,形成理论学习、实验实训、工作模拟和企业真实锻炼相互融合的系统化教学场景。具有典型场景特征的教学方法有实训室教学、车间教学、户外教学、企业教学等。而在教学模式上,"做中学"教学模式、理实一体化教学模式的应用在职业化的教学场景中非常普遍。

近年来,随着教育信息化的不断发展和数字技术应用的不断升级,智慧教学空间也因其强大的教学业务运行、资源和师生管理等功能成为职业教育教学改革中的主要方向。一方面是以资源共享、线上教学实施和管理为主的网络教学平台。在教学模式上主要包括完全线上教学模式和线上线下混合的教学模式。完全线上教学模式实现了跨校区的资源共享、大规模在线授课、教学活动的线上组织、教学评价与管理,线上线下混合教学兼顾了线下教学的直观生动和线上资源的共享及管理优势。另一方面以人工智能、物联网、VR/AR等技术实现的智慧技术不仅融入了智慧教学方法技术,而且实现了将真实的职业情境、岗位任务和企业项目进行虚拟仿真或真正融入,拓展了传统教学空间的边界,形成情境条件更加完备、更加智能的教学场景。数字技术和人工智能技术融入职业教育教学,不仅从技术方法上赋能职业教育,而且改造了职业教育教学实施和评价过程,实现了更大的教学效益,取得了更好的教学效果。

5. 设备仪器等工具要素推进教学方法变革

职业教育高素质技术技能培养的关键是通过专业课程教学落实岗位职业能力要求,通过强化专业实践能力培养的专业课程教学实现。在这些课程教学中,如果仅通过教师的讲授和教学课件中的文字、图形甚至动画视频等资源类型去传播教学内容是远远不够的。这样的教法看似是将专业的理论知识和操作内容通过信息媒体形式进行了生动丰富的呈现,但这些呈现主要强化了学习者对知识和技能操作的观察力和思维想象力,学生依然无法获得真实的设备、仪器、物料、工具等带来的直观感受,无法从纸面或屏幕上通过"纸上谈兵"获得操作能力和职业经验。职业教育直接对接一线生产、服务和管理业务,学生在毕业后要直接接触一线真实的生产工具、生产资料,进入具体操作的生产关系中。如果在职业教育阶段没有摸过真正的设备工具,没有经过大量反复的真实操作训练,就无法形成职业岗位的实践技能,无法具备上岗能力。如在服装加工、餐饮烹饪、养殖种植等相关专业的实践教学和技能训练时,真实的设备工具、布料食材、生产过程等就需要融入教学中,实现真正的"做中学"。将这些真实的生产设备、工具、仪器、物料、软件等要素融入教学过程中或者成为教学实施内容,本身是基于工具角度的教学方法改进,这对于职业教育教学开展非常重要。

并不是所有专业类课程必须应用完全真实的设备才可以开展职业实践能力的训练。有些课程涉及的基本原理结构等教学内容就可以通过制作设备模型或道具或动画等来进行讲解演示。如有些大型航空设备、交通运输工具、精密仪器、人体或动物等相关的教学对象,在结构拆分、运行原理、故障解决、急救保健等工作情景下,用道具、模型等开展器物模拟教学或者基于VR/AR技术开展虚实结合教学,不仅可以降低成本、弥补实训条件不足的缺陷,又能够训练学生技能操作能力,教学展示和学生训练也更有效率。

6. 行为要素推进教学方法变革

职业教育面向一线生产、服务岗位培养技术技能人才。产业企业对职业技术技能人才的要求是毕业生能够将所学内容直接迁移到职业岗位情境中,成为高质量地促进生产力的生产力量。职业教育教学的核心要点就是要培养学生的职业实践能力,而能力又不是经知识传授就能形成的,必须经过对知识的实际应用和技能的反复训练才能形成,要在做的过程中习得。因此,职业教育教学的改革方向就是要将课堂还给学生,打造以学生为中心的行动教学场景,将以教师讲授为主的教学模式改造成以学生为中心的教学模式,让学生通过学习过程中的主动性行为来掌握知识和提高能力。这里学生的主动性包括主动学习、主动思考、主动实践、主动合作以及主动应对职业情境提出的要求和完成职业情境下的各种任务。这些主动行为都要通过学生在课堂中的行动来体现。因此,在行动中学习必定是职业教育课堂的基本形态,职业教育教学方法改革的重点就是怎样才能更好地组织学生在教学中的行动。

源自德国的行动导向教学(Action-Oriented Education, AOE)体现出了职业教育教学改革的理念、方法和模式,被认为是最适合职业教育教学的一套方法体系。20世纪80年代,德国提出了以关键能力为核心的职业行动能力概念,认为关键能力是决定一个人能够适应岗位变化并且保持职业生涯持续发展最重要的能力。因此,在职业教育和培训中强调能力本位的培养目标,并提出行动导向教学方法加强关键能力的培养。将关键能力培养渗透到课程教学中,在工学结合中培养学生的综合职业能力。正因为这样,德国的职业教育迅速发展并成为二战后德国创造经济奇迹的重要法宝。行动导向教学获得了世界各国职教界和劳动界的推崇及研究。

行动导向教学定位于学习者能力目标,以现实的工作任务为导向,将知识学习、技能训练和素质培养等教学要素融入综合性、跨学科的工作任务实施周期中。学生以小组为单位,通过收集信息、计划、决策、实施、评价和反馈等系列行动过程,完成完整的工作任务,并且在行动过程中掌握专业知识、获得职业技能,学会主动构建知识体系、行动能力和岗位经验。在此过程中,教师主要发挥组织、引导和指导的作用。

行为导向教学并不是一种具体的教学方法,更像是一种职业教育教学指导思想与策略,也可以是一种教学理念、教学模式或者包括了项目教学法、角色扮演法等系列教学方法的集合。行动导向教学法对职业教育教学具有高度的适应性和强大的方法效力,对职业教育人才培养影响巨大,因此,我国学术界和职教界也引入了行动导向教学,开展了一些卓有意义的理论研究和实践探索。但在教育教学实践中,我们对行动导向教育理念和方法的推广和应用还不够,落地改革的路径也不够清晰。一些职业院校虽然已经对行动导向教学有了一定的认知,但在促进教育教学整体改革方面以及深入推进具体改革实施的深度和质量水平方面做得还不够。这种状况无法与当前我国职业教育高质量发展需求和技术技能人才培养要求相匹配。因此,我们要在职业教育教学中进一步加强对行动导向教学的研究和实践,进一步深入推进行动导向教学理念和方法体系的教育教学改革,特别是提升对行动导向教学的规划、组织、实施、管理和评价水平。

根据前面部分的分析,影响职业教育课程教学方法的要素包括教学目标、教学内容、教师情况、学生情况、空间场景、设备工具及行为要素等七个主要方面(图4-3)。教学目标是教学方法的目标靶向;教学内容是教学方法的作用对象;教师是教学方法的设计者和组织者;学生是教学方法的受众和参与主体;空间场景是教学方法的舞台场所;设备工具是教学方法的技术手段;行为要素是教学方法的行动路线。这几个方面在职业教育教学中相互作用,特色突出,促进职业教育教学目标缺一不可,是构成职业教育教学方法选择的模型要素。所以,教师在进行教学设计时应该综合考虑和分析这七个方面拟采用的教学方法。

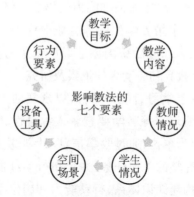

图 4-3　影响教法的七个要素

二、行动导向教学方法推进职业教育教学改革

职业教育教学方法改革的关键就是要选择最适合教学改革的理念和方法体系。行动导向教学就是这样一种典型的教学理念和方法体系。深刻理解和把握行动导向教学的核心要素、方法类型和实施要点是依托其对职业教育课堂教学改革的关键。

(一)从行动的核心要素看行动导向教学法实施

运用行动导向教学改革职业教育教学的起点是理解行动导向教学法的核心要素。行动导向教学的核心是"行动"(Action)。

首先,为什么而行动?就是行动的原因和目的/目标。行动的目的可以是为解决现实工作中的一个问题,生产一件产品,完成一个设计,制定一个营销方案,诊断和救治一个病患,取得一个预期成果目标或者完成一个职责任务。总之,行动既有需要行动的原因,也需要在最后有个结果。而且,这个结果必须是一个看得见的物化的或者非物化的结论性的呈现。这一点提示我们,职业教育教学中的行动教学必须有需要解决的现实问题或需要,并且要在教学发生的最后有明确的结果。

其次,谁在行动?就是行动的主体。根据教学活动本质和职业教育实践特征的需要,这里的行动自然是强调以学生为中心的行动。行动过程中的主要角色是学生。教学的主动权由教师过渡到学生。学习过程就是学生全程主动推进行动的过程。教师的角色要伴随着行动重心的转移而改变,围绕着学生行动重点成为组织和指导学生行动的角色。这一点提示我们,行动导向教学改革要着力围绕学生设计行动方案,围绕学生的自我发展和能力构建过程推进教学活动。

再次,是什么行动?就是行动的内容方面。这里的行动不是传统授课模式下教师讲授、学生听讲的单调行动,而是在教师指导下,学生及团队成员开展的主动思考、学习、动手、协作、沟通、表达、评价等一系列动作行为的行动。学生在"做中学",学会学习,掌握知识和技能的应用,形成职业岗位要求的能力和素质,并促进个体综合能力和素质的发展。

然后是怎么行动?就是行动的实施程序和有效组织。凡是行动,必定要有一个行动实施程序和周期,主要包括信息收集、计划、决策、实施、检查、评价等环节。这些环节通过相互衔接和逐步递进,保障行动教学过程的完整性和自洽性。因此,行动教学具有过程性,这个过程的推进是教学行动实施的步骤和程序执行过程,也是学生主体在教学过程中逐步调动各种资源,综合运用各类知识和技能实现自我发展,并在最后获得教学目标和能力成果的过程。同时,行动教学还需要非常有效的行动组织,这里主要是对学生主体如何组织。作为人才培养活动,教育教学中的行动不能是随机的。行动教学既受到教学目标的约束,又包含各类主体和资源及方法的组织,因此行动必须是严谨的、有逻辑的、有方法步骤和有结果的行动。行动的有效组织包括对教学情境的适宜创设、学生学习小组的合理划分、对学习资源的自主应用、对教学任务的适当指导、对教学过程的动态推进、对教学效果的完整评价等。如果说行动的步骤程序实施是行动教学过程中的流程线路,那么行动的有效组织则是落实行动目标、实施行动程序和确保行动成果实现的保障。

最后是行动后怎么办?就是对行动教学实施后的审视。伴随着行动成果的产出,行动导向教学的过程基本完成。教学的知识、能力和素质目标也在过程中得到了实现。但进一步对行动过程和结论进行反馈交流和归纳总结仍然至关重要。通过反馈交流和归纳整理可以构建起新的知识和技能体系,并且形成运用知识于工作实践的能力训练和工作经验(包括行动过程中因错误操作出现的反面经验),还通过与其他知识技能内容进行比较和综合分析,形成不断补充完善的知识体系。另外,可以通过行动中发现的知识不足以及实践效果的反馈进行批判性思考,为进一步实现岗位知识和技能的创新创造提供可能。因此,在实施行动导向教学时要特别做好最后阶段的总结归纳工作。

在行动导向教学过程中还需要有几个处理关键:一是设计的行动项目或

任务能够获得学生参与的热情,产生强烈的学习和实践动力。这要求行动项目或任务贴近真实职业岗位工作,且项目或任务难度适当,挑战度合理,结果有实际价值。二是在每个行动阶段设定达成的目标或工作标准,引导学生在过程中不断检查和纠正学习行动,评估效果,在保证过程质量的同时保障顺利推进到下一个行动阶段。三是所采用的行动要为学习者及其学习小组提供充足的主动性和个性发展空间,让学习者自主学习、决策和实践。不同的行动痕迹应该产生不同的学习效果,并且体现出群组学习互助和协作交流的项目意义。在行动导向教学过程中,学生的自学能力、沟通交流和团队协作能力、创新思考能力、解决问题能力等核心能力能够得到有效地锻炼和发展。这对学生职业生涯中的可持续发展能力至关重要。这几项要求也是确保行动导向教学有质量地开始实施的重要因素。

(二)运用典型行动导向教学方法推动教学改革

行动导向教学方法体系包含的具体方法有学校教学情境下的项目教学、引导文、头脑风暴、角色扮演、模拟游戏、案例分析和实验教学等方法,也包括在真实企业教学情境下的做中学、生产项目、车间实习、企业任务等教学方法。从行动的结果角度考虑,有的课程是为产品作品产出的技术类课程,这种行动导向教学一般是工作过程导向的,通过一步一步的工作过程递进完成最后的产品结果,可以通过操作演示开展教学,但应用项目导向的教学方法效果更好;有的课程定位培养人的表现能力提升,由人员根据现场情景呈现表达和行为,不是产生最终物品的,如艺术表演、客户服务、医护保健等,这些情景表现导向的课程更需要角色扮演或模拟教学的行动导向教学;有的课程是定位培养人具有熟练的操作技能,现场教学或模拟教学等方法更适合;有的课程定位提升人的决策能力,案例教学法更适合。不同的行动导向教学方法有不同的特征和适用情况,在实际教学过程中教师可以结合某种教学方法展开教学设计,也可以结合多种教学方法综合应用到教学中,起到更好地推动教学提升的效果。接下来对适用于职业教育的几个典型行动导向教学方法进行应用分析。

1. 职业教育课堂中的项目教学法改革

项目化教学是行动导向教学体系中最为典型的教学方法,获得了全世界的推广。能力为本位的职业教育改革对教学内容和教学方法的选择都提出了更高的要求。而项目教学法在人的能力培养方面具有突出的优势,因此,也在我国职教院校中广受重视和推崇。越多越多的教师在课程教学中开展了项目化教学改革的探索实践。

(1) 认识项目化教学法

在项目化教材改革部分,笔者对教材项目的整体设计和单元设计思路以及教师开发项目的来源方式,所开发项目应该具有的特点等进行了分析。项目化教学方法改革与项目化教材具有一脉相承的关系,都为项目化课程改革服务。项目化教材是项目化课程的教学素材和内容载体,项目化教学方法是课程项目化教学实施的方法路径。虽然是发生在不同教学环节的应用,但同属于课程教学的构成部分。

从历史发展来看,项目教学在16世纪欧洲的建筑学校教学中就已经出现。建筑教学中的"项目作业(project work)"比较常见。18世纪后,美国普通公立学校的手工艺训练课程也经常使用项目作业或项目教学法。1918年,美国学者基尔帕特里克(Kilpatrick)在他的论文中提出"项目教学法"(project method)。1935年,德国学者佩特森(Petersen)翻译了基尔帕特里克的"项目教学法",并和杜威等人以《项目计划——基础与实践》为题发表论文。1965年以后,项目教学法获得欧洲教育界的高度重视。在以"关键能力培养"和"双元制"模式闻名的德国,许多大企业如奔驰汽车公司、西门子、大众等相继开发各自的教学项目,促进人才培养。许多企业和职业学校都把项目化教学视为培养综合职业能力包括关键能力在内的有效途径。

虽然学界对项目化教学法(project teaching)并无统一的定义,但综合各方的观点来看,项目化教学法是教师在课堂教学中定位项目教学目标和成果实现要求,以从职业情境中转化而来的项目作为教学载体,组织学习者按照项目教学行动的实施过程开展教学的方法。项目化教学和传统课堂教学是完全不一样的逻辑,它不是基于学科知识逻辑,而是基于项目推进的行动逻辑开展。

(2) 项目化教学在职业教育中的适用情况

职业教育培养的是解决现实社会各行各业一线操作层面的职业岗位人才。现实社会处处充满直观生动且具有复杂要素的项目。从一开始的建筑模型到手工作品,再到各类产品、作品、文件、工具、软件、解决方案以及体现效果结果的广告设计、商品展示等内容均可以视为项目。随着项目教学法在世界范围内的发扬光大,其应用的范围也在不断扩大。项目教学法让学习者直接面对现实世界提出的问题,通过行动教学过程取得各类物化及非物化的项目成果。项目教学法作为一种教学方法,绝不是单纯的技能训练,更不是知识点和技能点的综合体,自然也不是为了最后产出的产品或其他结果,而是师生尤其是学生经历项目实施过程中获得知识的掌握、技能的训练和素质的提升过程。学生在此过程中对现实业务问题产生兴趣,然后展开信息调查与知识学习、进行任务分析与设计、形成行动工作计划、实施工作计划。在经历整个过程中,项目小组根据任务需要学习相关知识和操作技能,运用相关知识和技能,协商合作,在逐步解决问题的同时,获得相应行动结果。一般来说,项目教学法的一个主要标志是项目最后能否产生一个确定的、看得见的物质成果或结果。因此,项目教学法尤其适用在一些能够产生可见产品的技术类课程教学中。但在一些产生艺术作品、文件、解决方案、策划方案甚至商品展示等可见效果的课程中,项目教学法的应用也比较普遍。事实上,越来越多的职业教育课程在探索中走出项目化教学的路径,取得了远远大于传统教学模式的教学效果。

(3) 职业院校教师如何设计教学项目

项目由一系列结果导向的工作任务组成,有详细具体的步骤阶段和流程顺序,直到结果的形成。项目教学法也是基于工作过程导向的行动教学法,其作为职业教育诸多课程教学改革最有效的途径,无论从原理上还是程序上都可以被职业院校教师接受并建立实施的动机。但摆在多数教师面前的首要难题是,如何设计课程教学项目。尽管市面上出现了很多项目化教材,但事实却是很多项目化教材并没有真正体现出项目化教学的特征。有的是加了项目命名的外壳,但仍然是原来的章节式内容、学科知识体系;有的是加了项目命名的外壳,但项目的内容是包含了大量工作步骤的操作手册。学生"比着葫芦画瓢"把操作流程走一遍。这个过程没有包含项目的计划、决策以及协作、评价等关键的项目实施过程,不能真正体现出项目教学对学生学习和能力训练的驱动。因此,职业教育中真正的项目化教材仍然是稀缺的。教师在应用教材的过程中大多数时候面临着要设计教学中真正所需的教学项目的问题。教师的教学项目设计能力至关重要。同一门课程教学项目的设计并不是固定的,但了解教学项目设计的原则和设计步骤,并在教学项目应用实践中逐步探索项目设计改进方法却是必要的。

设计教学项目时要遵循如下基本原则:

目标性原则是指所设计的教学项目务必匹配课程教学目标。项目在设计过程中要满足对知识、能力和素质目标的覆盖,项目包含的工作内容要确保学生在任务实施过程中学习到相关知识,训练所需技能,通过行动过程能够获得完整的知识和技能体系,取得比传统学科式教学更深刻的知识理解和运用能力。同时,在项目任务过程中要容纳对素质要素的训练,导向素质目标的养成。

现实性原则指教学项目的来源必须是来自真实的职业岗位和工作任务。和学科知识体系相比,项目才是包含了对现实世界的真实的、专业的、综合的、完整的反映。除了将工作岗位中的项目一比一地迁移到教学项目进行教学,教师也可以结合教学经验对现实中的项目进行典型改造,形成教学项目。但改造后的教学项目也必须能模拟出真实岗位的工作。来自真实世界的问题和项目更容易获得学生的兴趣、热情、重视,并愿意为之投入学习和应用精力。

一体化原则指教学项目的教学内容和实施设计要能够体现出知识、能力和素质的一体化培养进行。学生在教学项目的行动中需要完成对相应知识的学习和信息资料的查阅,掌握对工具或设备操作的技能。然后,在工作任务推进中落实对课程知识的理解应用和技能操作。同时,要想准确且有质量地完成工作任务,创造出优秀的作品和工作结果,还需要具有精益求精、认真踏实、责任担当等相应的素质。教学项目的设计要能够作为有效的教学载体,发挥出对学生知识、能力和素质的系统化培养功能。高质量的教学实施过程,必然是课程知识体系、行动体系和内在素质体系在行动中的一体化高度融合。另外,教学项目还要聚焦能力本位的实现,综合面向职业核心能力和专业能力进行教学活动实施的设计,培养学生专业能力之外,更注重学生学习的能力、解决问题的能力及沟通表达和协作等职业核心能力。项目计划、汇报和评估评价等过程可以强化团队成员之间互相学习、沟通协作、语言表达等核心能力训练。因此,项目化教学兼具职业核心能力和专业化能力培养,是更适合职业人培养发展的教育模式和方法。

自主与协作原则是指设计教学项目时对学习小组角色及工作组织的考虑。项目教学开展过程中学习主体即学生及所在的学习小组要主动接受问题挑战,在不受教师干扰的情况下自主开展问题分析和讨论、知识学习和信息搜集,并协作开展计划制定、决策和工作任务实施,在工作任务实施过程中随时根据任务完成情况和教师提供的任务标准进行自主评估,判定工作成效并决策下一步的行动推进。因此,自主是学习小组主动遍历工作流程,形成职业认知、职业能力和职业自信的关键,协作是学习小组锻炼交流沟通、分工合作、有效组织并获得社会认同的关键。因此,项目教学的实施要对教师和学生的角色任务有明确的指向,实现以学生为中心的项目过程设计。学生成为教学行动的中心主体,教师发挥好指导者、监督者和评价者的作用。

教学项目设计的主要步骤:

① 教学目标设计。明确所设计的教学项目要承载的教学目标,瞄准学生职业能力及素质的培养,加强对学生所学的知识、技能的应用与训练。

② 真实教学项目引进。面向目标要求,梳理课程对应岗位的工作任务,挖掘岗位任务的典型驱动问题;对应教学目标的覆盖要求,引进企业真实典型的工作项目及任务,并将工作项目面向教学项目设计做好典型化处理和教学化处理,去除与专业业务主线无关以及冗余的业务,精选适合教学开展的任务,形成契合课程目标、完整可用的教学项目(图4-4)。

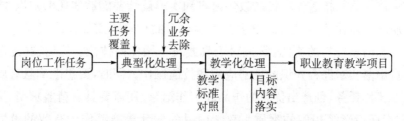

图4-4 岗位工作任务转化为教学项目过程

③ 教学项目的教学内容设计。教学项目的内容设计是指教学项目的内容要素和成果要素设计。内容要素主要包括知识要素、技能要素、素质要素等。教师根据课程标准要求和职业标准要求选择项目任务所需的知识点、技能点和素质点,形成完整的知识框架和内容体系,并配套开发相应的教学资源以备学生学习参考。成果要素是指教学实施过程中或实施完成后取得的学习成果及生成的产品、作品、方案、展示、报告等物化结果(表4-1)。

表4-1 教学项目的内容设计

教学项目任务	任务教学目标	任务教学内容	任务成果
任务1 工作过程	◆ 知识目标1 ◆ 能力目标1 ◆ 素质目标1	知识点K_1,技能点S_1,素质点C_1……	成果O_1
任务2 工作过程	◆ 知识目标2 ◆ 能力目标2 ◆ 素质目标2	知识点K_2,技能点S_2,素质点C_2……	成果O_2

续表

教学项目任务	任务教学目标	任务教学内容	任务成果
任务… 工作过程	◆ 知识目标… ◆ 能力目标… ◆ 素质目标…	知识点 K，技能点 S，素质点 C……	成果 O.
任务 X 工作过程	◆ 知识目标 X ◆ 能力目标 X ◆ 素质目标 X	知识点 K_X，技能点 S_X，素质点 C_X……	成果 O_X

④ 教学项目的组织实施设计。主要指教学项目实施的教学环境和行动组织设计。教学环境是指要设计教学环境布置，并创设适合项目开展的情境。教学环境是保障教学项目实施的外在条件。行动组织设计包含对教学项目的任务阶段、阶段标准和要求以及对教师和学生的角色行为进行设计。按照信息收集、计划制定和决策、工作实施、评价和总结等环节要求设计好各个阶段的任务触发和行动程序；设计好教师和学生不同的角色行为，确保以学生为中心的教学实施。

⑤ 教学项目的评价设计。这里包含教学项目实施过程中学习小组对项目任务过程的自我评估和项目完成后的教师和学生评价。为确保学生小组在项目自主执行过程中方向正确、程序严密、质量合格，应为项目的各个任务阶段设计工作要求和工作标准。学习小组可以在教师的指导下随时根据任务的进展对照工作标准进行自查和评估，逐步完成阶段性任务，并顺利启动下一阶段项目任务。最终完成整个教学项目的顺利实施，达到教学目标要求。项目最后的评价设计要兼顾教师评价和学习小组之间、小组之内的评价结合。评价指标的设计要能够让学生在评价过程中更加深刻地理解学习目标和职业工作标准，以审视的视角看待自己和他人的学习成果，并养成努力拼搏、精益求精并且虚心向他人学习的职业态度和精神。

⑥ 教学项目的总结设计。重视并设计好项目总结的程序和内容。引导学习小组按照项目实施过程对学习到的知识和技能进行总结，自主归纳课程知识与技能体系，总结在项目实践中形成的经验，并通过分享交流进行充实完善。学习小组还可以对应用过程中出现的问题和异常情况进行总结，形成反向型知识以及反思改进的学习成果。如果项目实施过程中产生新的发展或发现要素，还可以用来革新原有知识体系，为专业知识和产业实践的进一

步发展作出贡献。

(4) 一个简单的产品制作类教学项目设计示例(表4-2)

表4-2 一个简单的产品制作类教学项目设计

专业课程	西式面点制作
驱动问题	为福利院的一位小朋友制作一个生日蛋糕
教学目标设计	理解面粉发酵、蛋糕烘焙的原理知识,掌握打蛋、灌模、烘烤、装裱等操作知识和流程规范,并运用这些知识和操作程序完成蛋糕制作。 此项目锻炼学生信息收集、自主学习、工具操作、裱花设计、物料计算测量等能力,培养踏实认真、精益求精的工作品质和富有爱心、真诚尊重的人文品性等
教学设计要点	① 按照蛋糕制作工作过程梳理蛋糕制作包含的知识体系(包含知识点、技能点和素质点的整体逻辑体系)。画出知识逻辑树,细化各知识、技能和素质点内容。将学科理论知识体系变成工作过程驱动的知识体系表达。这种行动设计从学科知识体系转变成以实践应用导向的知识体系,摆脱了学科体系的单调刻板,突出了知识应用的生动性,有助于学习者通过行动实践实现知识、能力、素质的提升和工作经验的养成。 **特别注意**:明确知识、技能各个点发生应用的时间节点。就是在蛋糕制作行动操作中哪个阶段要用到哪些知识、技能等,以便确定在合适的阶段开展信息查询和相关知识学习。 ② 开发知识和技能点教学内容的数字化资源,并将这些教学资源用易于获取的途径提供给学生,为学生行动过程中的自主学习随时提供便利。如将知识点的讲解视频、工具使用说明书、技能操作分解动作视频或动画以及其他扩展性学习资源提前放置到课程教学网站或资源空间中。注意补充扩展资源,如关于福利院背景和福利院孩子生活状况的资料。 ③ 设计项目实施包含的行动阶段及工作内容,并明确每个行动阶段的任务要求和工作质量标准,确保各学习小组行动路径不偏离,逐步完成项目任务。明确蛋糕制作过程中各个细分阶段的素质指标,在行动任务设计中要突出要求强化。 ④ 项目行动过程的设计不仅包含对学生的行动设计,还要包括对教师行动的设计。确保学生为中心主体的行动过程和教师作为指导者、监督者角色作用的发挥。学生可以在适当的时机获得来自教师必要的指导和推进,确保教学互动效果。

续表

教学行动的实施设计	① 教师介绍项目。首先介绍教学项目的现实来源，来自福利院一名小朋友希望得到生日蛋糕的愿望；然后明确项目的目标和任务是为这名小朋友制作一个生日蛋糕；接着对制作生日蛋糕的这个项目进行任务阶段划分，并提出分阶段的工作标准和工作成果要求。教师对行动过程的工作与成果要求及标准进行讲解的目的是使各小组在行动学习过程中不偏离方向，时刻进行自检和评估，确保最终项目的顺利完成。学生在教师介绍完项目后能够明确目标要求和任务的整体安排，就可以为行动的顺利实施做好铺垫 ② 教师指导教学资源和设备工具的使用。介绍对应各个行动阶段的教学资源配备和所需设备工具情况，指导各学习小组开展自主学习和研讨，认识各项工具设备，能够明确在接下来的行动路线实施中所需的支持性资源和工具，实现边学边做，边做边学 ③ 根据项目任务要求对学生进行分组。各小组确定组长和成员角色。强调小组管理要求和项目管理要求，引导合作自律、沟通包容和创新发展的团队文化，确保项目实施过程中小组成员能够自觉自律，团结协作 ④ 明确问题和学习查询。各小组结合项目要求提出要解决的问题清单，如福利院小朋友的个性需求是什么，小组在每个阶段完成什么任务，需要学习哪些相应知识，用到哪个教学资源，用到哪些原材料，加多少，如何加，用到哪些设备工具，如何操作等。梳理好问题清单，然后开展相应知识学习。在此阶段，可以由学生小组按照问题清单组织小组成员自主学习教学资源，在学习过程中组内成员讨论交流，强化知识的精准掌握。或者将学习行为融入下面⑤中的不同行动阶段，边做边学，在行动中学习相应知识内容。教师指导学生自主构建知识，加深对知识的理解。如果改为教师讲述法授课，虽然可以节约时间，但同时也会折损学生自主学习的效果和应用水平 ⑤ 制定行动计划。对接下来进行的蛋糕制作任务制定计划。需要对项目任务进行阶段划分，明确工作内容、工作场所、所用材料工具条件，相应的学习资源等，明确对所有小组成员的任务分工与协作、各项任务完成的时间和成果要求等 ⑥ 各小组实施行动计划。首先对福利院小朋友进行调查交流，获得对蛋糕期待的需求信息；然后对蛋糕进行选料操作，学习选料相关知识和技能，边做边学，边学边做，加深对知识的理解和运用；继而学习掌握搅拌打蛋的原理知识和操作技能；之后是拌面粉、灌模、烘烤、脱模、装饰和包装等各个行动过程。每个过程都是学做一体，强化学生知识学习的动力，提高他们对知识进行实践应用的能力 **特别注意：**在每一个阶段都要把任务的要求和标准融入行动过程，随时进行自我评估和行动控制，确保行动过程操作无误、路线正确，保障本阶段任务完成的同时顺利进入下一阶段。标准要求并非禁锢学习小组主动性，相反，标准给各小组提供了行动的下限、自主决策及行为操作的空间。各小组可在行动中自主决策高于或扩展基本标准的行为和内容。如小组协商如何进行艺术设计(设计作品风格、颜色、样式等)，是否添加附加食材，是否在技术工艺中改进操作方法等。直至完成所有蛋糕制作的行动过程。教师在教学行动过程中观察各小组行动，并根据需要作出相应指导和建议，同时做好学习过程中的问题记录

续表

教学行动的实施设计	⑦ 学习反思和总结阶段。各小组在完成产品制作过程后,根据行动过程的问题和解决问题的知识点,梳理出本项目行动导向的知识、技能体系。突出对行动过程中碰到的主要问题和解决问题的关键方法分析,突出对出现过的错误行动及反向行为案例的分析,综合反思过程来改进现有知识技能体系。 ⑧ 集体展示汇报各小组作品并进行项目学习评价。邀请福利院工作人员或小朋友代表参加项目展示汇报和评价过程。各小组展示汇报过程中要突出对教学目标和内容的掌握,更要突出该小组的学习决策、创意设计和工艺创新改进及带来的作品效果和学习心得。组织学习评价,包括小组间、小组内评价、福利院客户评价和教师评价,并在评价后进行教学反思。对下一次教学项目的实施形成改进意见
教学项目特点	该教学项目将引导学生面向现实情境中的蛋糕制作需要,积极开展理论知识学习和技能动手实践,训练学生的技术技能应用能力;并在此行动过程中锻炼将尊重、关怀、精细、钻研的美好品质投入工作和产品制作中去,培养学生美好的道德情感

(4) 项目化教学实施的注意事项

① 认识项目教学法的整体性。项目教学法更像是一种整体教学法,其中可能包含讲授法、演示法、讨论法甚至其他行动导向教学方法,如案例教学法、模拟教学法、头脑风暴法等。教学方法的组合应用关键看在何种需要何种时机下恰当地植入何种方法。

② 理解教学项目设计的灵活性。同样课程内容可能因为任务模块划分的不同而出现差异化、灵活的教学项目设计。同样的课程可以设计不同的整体项目和单元项目或者不设计整体项目,只设计单元项目。项目的设计也会因人而异。只要探索出能够聚焦教学目标实现,通过行动更好地实现学生学习效果的项目都是好的教学项目。

③ 充分发挥学生的中心主体作用。项目教学中行动设计的主角是学生。学生小组自主性实施项目过程和开展决策及评价。教师除了必要的指导和启发作用发挥之外,尽量减少不必要的干预。发挥好学习小组作用。学生要在体验不同角色的过程中厘清职责分工,做好配合协作,共同完成项目任务。在此过程中锻炼自主学习能力、团队协调能力、展示表达能力、问题解决能力等,实现核心能力和专业能力的综合提高。

④ 深刻理解项目对学生素质培养的价值意义。当学生通过自主学习和动手完成作品时,学习的主动性、自由性带给了学生被尊重的感觉,学生的自尊和自信在行动过程中随着任务的进展逐步确立,当他们认真追求的态度让

产品的质量更高获得更多赞美时,精益求精的职业精神获得认可,素质得以发展。当他们将国家和当地文化及对地方责任融入项目成果中并获得当地社会的认可和赞美时,他们的责任使命感获得反馈,促进其道德品质塑造形成。

2. 职业教育课堂中的案例教学法改革

(1) 认识案例教学法

案例教学法又称为个案教学法或实例教学法,是一种以案例为基础的教学方法。案例可以从真实事件中直接引进,也可以对引进的案例进行改编或者教学化处理。职业教育课程中的案例必须能够反映真实的职业岗位工作,并且具有较好的教育教学价值。案例教学法不能有标准答案或者特定的问题解决之道,须为教学创设两难情境或者能够根据信息资源和分析决策的不同导向多种解决方案。

在案例教学中,学生是对案例展开学习研究的主体,教师是教学的设计者、引导者和协助者。案例教学法以学生为中心,以学习小组为单位,学习掌握相关知识,对案例进行问题分析,开展研究讨论、判断决策,并针对案例提出解决方案。

案例教学的目标不在于最后得出的结论和方案,而在于思维过程和能力提升的训练。作为一种能够解决理论与实际相脱节的有效教学方法,案例教学法不仅可以引进真实的工作内容,传播职业岗位面向的信息,而且可以通过案例的真实生动和价值驱动特征激发学习者探究问题的积极性,实现对学生较高思维能力、问题解决能力、面对现实情境作出风险判断和决策的能力培养。因此,案例教学在培养生产一线管理者、医护人员、法律行业人员等方面具有显著优势。

(2) 案例教学法在职业教育中的适用情况

案例教学法(case-based teaching)源自哈佛大学的法学教育。法律工作本身面对的就是一个个具体的案例。案例是法律的源头,也适用于相似的后续案例。后来案例教学法逐渐运用到商科教学和其他学科,如教育学、医学、心理学、市场营销学、社会学等学科。

案例教学法一般以不确定性或非结构化问题作为研究对象,适合综合智力分析和决策型的课程或教学内容。在职业教育相关专业课程中具有相当多的适用性。如在管理与服务类、健康护理类、教育类、法律实务类、安全防范类、心理咨询类、动物医学养护等相关专业,都有大量可以应用案例教学法的课程。一些课程内容本身就是来自现实案例总结,必然也适合再推广到其他案例中去。如从病例中得到的医学知识再应用到病例中,从案件中形成的法律条文再应用到案件,从教育对象中总结出的教育学规律再应用到教育对象中。在职业教育教学中也不乏从事实案例中归纳成知识再推广应用到其他事实案例中去的课程。如果一门课程对应的岗位工作内容本身就是一个个实例,那么课程内容必然来自现实案例,并且要应用到现实个例中去。课程学习的效果是最为直接有效的。

(3) 教学案例的开发

虽然案例教学法具有非常好的教学效果,但在很多职业教育课程教学中,真实能够紧密对接产业行业发展,及时反映职业岗位内容教学的案例式教材并不多见,这在一定程度上制约了学生对于企业真实问题和案例的学习掌握。因此,职业教育教学中的教学案例开发非常重要,这也是案例教学法应用的基础。当所讲授的课程需要案例却缺乏案例的情况下,教师及教学团队可以通过现场调查、个体采访、资料研究、委托开发及组织投稿或案例竞赛等方式来解决(图4-5)。

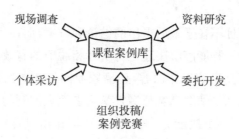

图4-5 课程案例开发方式

在现场调查方式中,教师通过亲身经历、观察和跟踪,对企业真实发生的问题和事件进行完整严密的记录和整理,形成教学案例;在个体采访方式中,教师组织团队对一些企业家、行业专家等进行采访,获得他们所经历的真实业务事件,并在获得授权后,形成教学案例;在资料研究方式下,教师通过图书、杂志、报纸、电视、互联网等多种渠道对搜集到的信息进行整理总结,形成教学案例;委托开发方式指的是指将案例开发的任务直接委托给企业或第三方机构,由企业或第三方机构在平时的工作中主动整理业务案例,并转让给学校教学应用;组织投稿或案例竞赛方式是指学校可以发动教师、学生和社会各界投稿或组织案例竞赛的方式,主动吸纳来自社会各界的案例素材,对案例进行筛选改造,形成教学案例。其中前两种案例获得方式是教师或学校直接挖掘和开发案例的做法,是在一定教学思想指导下开发形成的教学案例。案例开发的效率和品质较高,所开发的案例也比较具有针对性和实用性。后三种方式是通过他人间接获得教学案例的开放方式。所获得的案例素材需要教师进行筛选、确认、整理和改造。案例形成效率略低,但可以获得更多的案例素材,有助于形成丰富的案例资源库。职业院校教师可以综合多种方式进行教学案例的设计与开发。

开发的教学案例应具有真实性、生动性和典型性等特征,并且在教学实施中具有一定的知识覆盖性和学习挑战性。

案例的真实性是指案例内容须来自真实岗位业务,内容真实可信。教师或案例专家经过深入地调查研究和实践经历所得,细节完整真实。只有这样,学生才能在学习过程中模拟进入情境,认真对待案例中的事实要素并开展仔细地研究分析,驱动个体探究和判断等思维训练过程。

案例描述注意生动性,在客观描述文本之外,增加场景、情节、对话和人物心理等内容,更好地带动学生积极融入案例描述的情境画面,开展富有想象力和创造力的思考辨析。

案例要具有典型性,是指所选的教学案例能够代表岗位业务中的典型工作内容,学生在掌握这一类案例之后,能够将所学所思用于真实岗位的此类业务,形成将来处理此类工作业务的经验。

案例的教学覆盖性指案例对应于教学目标的达成和对相关知识内容的学习覆盖。案例所表达的内容和问题应驱动学生开展对相关知识的学习,并反馈知识在业务案例中的应用思考。进而促进学生通过对案例的分析讨论起到应用相关知识进行思考分析和判断决策的能力,提高学生解决真实业务问题的能力。

案例的挑战性是指案例提出的问题不应该是具有单一和明确答案的问题,要有明显的矛盾冲突,要能够给学生个体及其学习小组的学习讨论、思考分析和判断决策带来挑战,刺激学生产生挑战心理和学习兴趣,寻求解决的办法和发展突破之道。

以企业为主体的案例内容一般要有案例主体如企业基本情况、产品或服务情况、案例发生的背景、相关的角色、发生的过程、面临的困境和问题、涉及的资料信息和相关资源、市场和竞争对手状况、案例目标和要求以及其他案例相关的影响因素介绍等。以人物为主体的案例一般包括人物情况介绍、历史特征数据、现有特征表现、明确的诉求、相关资料及其他影响信息等。无论何种案例,都得注意案例本身不得侵犯企业或个人利益,不得披露其机密或隐私信息。有时候还可以附带一些企业介绍、规章制度、图片视频、合同文件、报表台账等资料。所有案例都应该有明确思考问题和解决方案的诉求,这是案例教学法最终需要获得的结果,也是学生通过学习思考、应用知识、解决问题的目标体现。

(4)职业院校教师应如何实施案例教学法

职业院校教师在实施案例教学前要考虑课程教学需要和学生的学情特点,通过案例强化学生的职业思维与能力,引导学生积极参与学习讨论。教师设计有效的过程管理、指导监督和评价等环节推进案例教学。

案例教学法的实施步骤可以分为五个阶段:案例准备和发放、学生个体学习思考、学习小组分析讨论、小组集中汇报和点评及总结报告阶段。其中前两个阶段可以设计在课前进行,后三个阶段设计在课堂中进行。参考步骤如下:

① 案例准备和发放:教师结合课程需要选择典型案例,结合教学目的、课程内容和学情特点确定案例的思考问题;开发案例配套的教学资源,并提供案例相关的辅助材料;将具有驱动问题的案例和学习资源、辅助资料提前1~2周发放给学生。

② 学生个体学习思考:学生对案例进行阅读分析,结合个体经验形成初步思路;再根据案例问题学习配套知识资源,查阅辅助学习资料;综合学习和查阅信息的基础,再对案例问题进行系统性思考;提出案例问题的解决方案,并为小组讨论准备个体观点和提纲。教师可以在此过程中设置阅读奖励、问答测试、上报提纲等环节吸引学生参与完成预习。

③ 学习小组分析讨论:提前做好班级分组,各小组由组长带领组织案例的组内讨论。每个学生在提前完成预习和个人讨论提纲的基础上参与组内讨论,就案例提出的问题发表观点和方案看法。成员之间互相交流学习、启发修正,共同讨论并决策出案例的最佳解决方案。各小组由于信息掌握、知识学习与经验以及小组思维过程的不同会产生差异化的解决方案。在此过程中,学习小组自治。教师做好课堂讨论的组织者和推动者,助推每位学习者的参与度,并为各小组提供指导建议,引导正确的问题解决方向,但对于各小组的解决方案和分析决策不做干涉。

④ 小组集中汇报和点评:各小组派出代表汇报本组案例分析结论及解决方案,然后接受其他小组的质疑和问询,并作出解释。对于积极有益的意见

建议要合理吸收，修正现有解决方案。教师在此过程中扮演组织者和主持人的角色，组织集中汇报，对各小组的案例分析结论和方案进行点评，还要对各组整体表现的亮点、存在的问题和重难点知识进行集中讨论和讲解，引导各小组补充对案例的理解和对问题解决的思路，使各组的案例分析能够更具有广度和深度。

⑤ 总结报告和评价阶段：各组根据集中汇报获得的反馈、意见和点评建议等对本组的案例结论和解决方案进行修正完善，并撰写案例分析报告。小组内基于成员贡献开展组内评价。教师对本轮案例教学实施的过程和效果进行总结，并对各小组的案例学习情况进行评价。

最后，职业院校教师在实施案例教学法时要精心设计，避免陷入"走过场"和控制失当的误区。通过有效组织案例教学方法来推动学生参与案例学习的积极性，提高学生的批判性思维和创造性思维能力，提高学生语言表达、团队合作、分析思辨和解决问题等方面的能力，取得期待的教学效果。教师要高度重视案例资源的开发，积极建设专业案例库、课程案例库。积极探索案例教学法创新及与其他教学方法或模式的有效结合，争取获得更好的教学效果。

3. 职业教育课堂中的情境教学法改革

教师在选择教学方法时经常会看到"情境教学法""情景教学法"两种表达。也有一些学者对围绕"情境"或"情景"展开的教学方法进行辨析。姜大源在《职业教育：情景与情境辨》中提到情景通常是指"情形，景象"，而情境一般是指"情况，境地"。情景相对微观、单一；情境相对宏观、复核，因而复杂一些。《现代汉语规范词典》对情景解释为某个场合的具体情形与景象，直观且吸引人；而情境是情况、境地。情景更偏重某一特定的时间和特定空间中、视觉上能呈现的真实情景内容。情境则更侧重某一段时间和空间在一定真实或虚拟情景基础上更多互相交织的因素和具体情形，从人的视觉感官到主观想象产生的心理境况。

在职业教育教学中，真实情境下的教学往往是在企业工作现场开展的教学或实习活动，强调教学环境与活动的真实性。学生在完全真实的职业环境中边做边学，亲身体验真实工作场景带来的要素刺激并实施思考和行动。职业院校内可以通过建设实训基地对真实职场情景进行模拟，为学生学习实习实训搭建模拟化的职场情景。校内实训基地虽然不能做到完全社会化、全要素的情境要素包含，但可以尽量充分地涵盖典型工作场景和要素，为学生职业能力培养提供较好的学习和实践环境。当然,在多数课堂教学中,教师一般通过口头描述、实物借用、图片和视频展示、音乐表演等方式将学生代入情境、开展教学活动。职业院校课程教学的场景需求特点突出,本部分主要讨论情境教学方法。

(1) 认识情境教学法

学术界对情境教学法并无统一的说法。多数文献提到该方法是由英国应用语言学家在1930年左右提出,在1960年左右得到应用发展,并迅速传到各国教育界。一般来说,情境教学法的内涵体现在教学情境的多样化创设和学习心理发展方面。情境由教师基于一定的教学目的引入或创设,将教学内容寓于情境中,并推进学生的学习行动实施。因为在此过程中知识交流和情感交流同步进行,调动了学生的学习的积极性和参与的主动性,强化了学生学习的内驱力,因此取得远胜于传统课堂讲授教学的效果。这种情境可以是搭建模拟真实的场景,可以是语言表达形成意境,也可以是图片、视频或者动画创造情境等。总之,创设的情境要能够将学生迅速代入仿真的环境,让学生如同置身真实场景下。情境教学法不仅可以搭建更生动的教学场景,为有效学习提供素材信息,还可以促进学生心理场景的搭建,引导学生产生态度、情感和行动的体验,更深刻地理解所学的知识和技能的价值意义。情境教学法因为遵循了认识的直观性原理、情感与认知的互动原理、相似性思维、教育心理学理论等,所以具有科学的理论基础,具有持久的生命力。

(2) 情境教学法对职业教育教学的适用性

情境教学法非常适合职业院校学生的直观思维特征和擅长在行动中学习的特点,因此,在许多职业教育课程教学中非常适用。那么,哪些课程更适合情境教学法呢?

在高职公共基础课程中,如"中华优秀传统文化""英语"等课程内容具有显著的情景、情境特征,就非常适合应用情境教学法。在高职专业课程中也有大量课程适用于情境教学法。如在建筑设计类专业、艺术类专业、教育类专业、旅游类、公共服务类专业、护理类专业中,很多专业课程需要借助一定的情境去传播课程知识、推进教学行动,加深学生对职业要素的认知,加强对知识的理解和运用,提高其语言表达和行为表达的能力。情境教学法正好能够契合此类课程需要。因此,情境教学法在职业教育课程教学中的应用具有非常广泛的意义。

情境教学法的采用要结合课程本身的教学目标和课程内容的呈现需要,

还要考虑学生在教学过程中的心理发展规律。当教师在创设好的情境下开展教学时，课程内容在情境要素支持下得到更生动的呈现展示，学生能够更好地通过体验和参与情境活动从而体会和理解知识的应用，有助于职业能力和素质的提升培养。

(3) 职业院校教师如何创设情境

根据课程需要创设情境是情境教学法实施的关键，教师要创设情境就要考虑创设什么样的情境和用什么方式创设情境。

情境是给学习者创设的能够产生视觉、听觉或触觉等主观上感受到的氛围环境，这种环境能够触发学习者的心理情感，与知识和技能的学习有效地融合在一起

情境的类型可以包括：① 真实情境：可以是真实生活情境、旅游观光或真实的职业现场情境，学生置身其中观察学习、操作体验，在职业全真实要素的环境中学习知识和技能。② 模拟情境：利用角色扮演、沙盘模拟、游戏软件、互联网社区、VR/AR 技术等模拟真实情境，让学生以虚拟的角色进入沉浸式的学习环境，按照规则在情境中学习、理解、体验、行动，成为体验知识传播和发展过程中的主角。③ "视听＋想象"情境：教师用实物展示、图片再现、视频播放、音乐渲染、语言描述等形式向学生传达知识信息，推动学生发挥想象力，将眼前并不存在的情境在脑海中构筑画面。学生的视觉、听觉等主观感受能力催动情感的发生，自然地将其代入知识发生和应用的过程。前两种情境是较为系统完整的要素情境，需要学习者参与情境，以行动过程去推动情境发展。第三种情境多是片段性的，主要为强化情感认知和理解行为。但这些不同类型的情境都可以寓教学内容于其中，产生直接或潜移默化的学习影响。

真实情境和模拟情境的创建是更适合职业教育教学的整体情境。由于创设完全真实情境较为困难，模拟情境教学又是在职业院校教学中应用最广泛的情境类型。模拟情境可以应用在诸多适用情境教学的专业课程中。比如旅游服务职业情境创建、客户服务的职业情境创建、护理救助职业情境创建、教育职业情境创建等。如果是对一些课程中单个的知识点、技能点等需要进行情境片段或者微小情境构建，那么可以考虑第三种情境类型。主要看知识点所侧重的感知能力体现在哪个方面，哪种感知力更能够促进此类知识的传递。如果是强化声音感知的知识用声音、音乐等形式创建情境；如果是侧重视觉感知的知识点，用图像、图片等创建情境；如果是结合声音、图像感

知的知识,可以用视频形式创建情境。总之,课程的情境创建关键是看情境要素对知识技能传递的效能和内化价值。不论是哪种形式的情境教学,都可以提高思维、行为和情境环境的交互作用,离不开学生主体情感的投入和内化后的动作行为。

(4) 如何实施情境教学法

在职业教育课堂中实施情境教学法的关键是如何在创设的情境下推动学生形成情感动力,主动融入情境开展学习和创造行动,实现情境下的思维认知、沟通协作及问题解决能力的提升。情境教学法也是典型的行动导向教学法,实施步骤也包括收集信息、计划、决策、实施、检查和评估等过程。

① 在教学实施前,教师要向学生介绍教学模块的目标,所采用的情境教学方法类型(如角色扮演法),描述情境设置情况,介绍情境教学的任务要求,并向学生提供情境教学过程中所需的任务要求、学习资料及信息来源等。

② 学生分组结合情境教学任务查阅资料,搜集信息,学习任务需要的相关知识。

③ 学习小组制定情境中的行动计划、计划行动任务的过程、所需的材料工具、如何应用情境要素、如何进行任务(或角色)分工等,讨论形成行动任务计划。

④ 学习小组讨论并决策确定行动计划,明确情境支持下的具体行动步骤和详细内容,并决定接下来的分工实施。

⑤ 学习小组按照明确的计划进入情境,结合情境要素开展教学行动。分工协作完成行动任务。在整个情境教学过程中,老师引导和鼓励学生在情境中的行动表现,但不干涉和影响行动的发展。

⑥ 学习小组在整个行动过程中时时检查行动过程是否按照预定计划执行,避免出现纰漏差错。对发现的问题或不能达标的行动过程要及时纠正。

⑦ 教师组织对各小组情境下的行动表现进行评价,包括组内评价、组间评价和教师评价。

在职业教育教学中,以角色扮演、沙盘模拟、游戏软件等为主要形式的情境教学方法具有非常重要的应用价值。这些方法不仅可以模拟真实情境的工作体验,还可以降低真实情境下的教学成本,提高重复学习效益。在真实情境如企业现场下的行动任务作为真实的工作行动,工作过程即时发生,具有不可重复性,没有模拟情境或课堂练习中的试错和任务重置机会。当然,真实情境教学对企业师傅的指导要求和学生学习工作的要求也会更高。高效地教学组织才能够更好地发挥情境教学的价值,提升学生解决真实问题的能力。

(三)行动导向教学法的实施关键

1. 理解行动导向教学理念

行动导向教学之所以适应职业教育教学,根本在于其是一种以"实践为导向"、以"能力为本位"的教学法思想。不同于传统课堂教学方法,行动导向强调在行动中学习理论技能并进行学习应用,培养学生在"做事""行动"中学习的能力、实践操作的能力以及认真踏实、精益求精的精神品质。同时,学习小组通过沟通交流、团队协作等完成行动任务的计划、实施、检查、评估、汇报等环节,实现信息处理、交流表达、与人协作、解决问题等关键能力培养。因此,教师在实施行动导向教学时应充分理解和做好行动的分析设计,充分发挥行动导向教学对人的综合能力培养价值。

2. 精选真实性行动任务

来自企业的真实项目、案例或情境等本身具有事实的真实性、生动性和功能性。对将来从事职业岗位的学生而言,参与行动的学习任务对接了真实岗位的工作任务,可以大大增加学生的学习兴趣和学习动力。行动任务可以是教师对真实职业工作的归纳性设计,也可以是来自企业或社会组织一手的委托项目或任务,前者支持反复性的行动实施,重在学生职业能力的培养。后者则是真实业务需求且对产出结果有标准、有期限的工作任务,对学生学习行动驱动力更强。如在电商扶贫、企业促销、活动作品设计等专业领域容易获得大量即时需要的项目。职业院校教师可以对这类项目进行精准高效的设计,确保学习小组行动后的产出效果。学生除了在行动中获得个人学习上的成就,还可能收获到来自企业或任务委托方的专业肯定或物质奖励,产生更强烈的价值感和责任感。

3. 理解行动导向教学的系统性

行动导向教学法是教学方法也是教学模式,包含着一系列行动要素和程序,具有相对完整的系统性。行动导向教学的实施包含教学行动的目标设计、内容设计和实现、行动程序设计和实施、评价设计与实施、角色行为设计等内容,解决"为什么行动""谁行动""行动什么""如何行动""如何评价行动"等一系列问题,具有完整的系统性。所以,教师在应用行动导向教学时不论选择哪种具体的方法都要进行系统的设计规划和组织管理,确保行动导向教学的整体成功。

4. 把握教师和学生角色行为的变化

行动导向教学法是围绕学生主体行动程序开展的教学过程。学生是教学方法实施的主角。学习过程是学生主动参与并实现知识自我建构的过程。学生在行动过程中根据现实任务的需要去搜集信息，学习知识，协商问题解决的方法，付诸行动去解决问题，并且在过程中不断检查和评估自身的行动效果，最终形成真正的职业能力。在行动过程中，教师主要扮演主持人、组织者、引导者、评价者等角色，但不参与学生行动过程，不干预答案或成果的形成。教师在实施行动教学过程中务必明确界定并扮演好自身的角色职责。

5. 设计好行动导向教学的评价

行动导向教学的评价既有终结性评价又有过程性评价。终结性评价一般由教师评价、组间评价和组内评价结合来实现对学生最终学习成果和成效的评定。过程性评价不仅反映出行动过程每个阶段的质量和效果，而且决定着下一个阶段行动任务的开展。在以学生为主体行动的过程中，教师不参与行动结果的产生。如果没有行动标准和阶段评估的行为，学生小组实施的行动可能会偏离方向或导致行动任务失败。为每个行动阶段制定行动或成果评估的标准是决定整个行动顺利运行的关键。过程评价评估一般要由小组自主评估检查，教师可以引导其评估过程。因此，行动导向教学法本身体现了全过程评价的要素，是更加科学有效的教学方法。

6. 理解行动导向教学法选择的多样性

除了前面分析的项目教学法、案例教学法、情境教学法等，行动导向教学还有引导文法、头脑风暴法、卡片展示法、思维导图法等。一般来说，每种行动导向教学方法有各自的适用领域，但也并非不可替代。有些课程模块既可以应用项目教学法，也可以用案例教学或情境教学的方法。有的课程模块只需要单项教学方法，有的课程模块却需要多种教学方法的组合应用。教师在选择教学方法时要根据教学内容、教学目标以及岗位工作任务行动的特征等因素综合考虑。职业教育的职业属性要求教学实施过程对应产业工作过程，实现教学过程与工作过程的统一。这里包含了教学目标与工作标准的对应、教学内容与工作内容的对应，教学情境与工作情景的对应、教学过程与工作过程的对应以及教学方法与工作方法的对应。行动导向教学方法的选择要基于课程目标和内容特点，也要基于工作目标、成果和工作内容特点，考虑为什么需要行动，谁参与行动，开展什么样的行动，怎么实施行动等问题。确定出行动导向方法或组合方法。

三、数字技术驱动职业教育教学方法改革

自从信息技术(IT)被应用到教育界,以多媒体教学为主的教学方式就成为课堂教学最主要的存在形式。互联网技术的发展又催生了诸多基于Web技术的教学平台。随之产生基于网络平台的教学模式创新。线上教学叠加精品课程建设,实现了优质教学资源的共享应用。此后,伴随着云计算、物联网、人工智能等技术进一步发展,"信息化"逐渐被"数字化""智能化"等字眼代替。职业教育教学也迎来了数字化、智能化变革的时代。新的教学方法、教学模式和教育教学形态不断发生。数字技术在扩展教育教学生态边界的同时也给教育教学带来了深刻的改革动力。

1. 数字技术驱动教学方法改革

数字技术是对数字信息的收集、处理、存储、传输与表达的技术,能够将现实世界包含的各种信息进行数字化组织、运算、存储和呈现。大数据技术、人工智能技术等加速了数字化技术的运算效力和智能水平,以ChatGpt为主的智能工具更是突破了许多行业的局限,将原本需要大量人力和智力完成的工作在最短的时间内由人工智能技术来完成。以人工智能为代表的数字技术已经对教育界产生了巨大冲击。数字技术在教育教学中的作用包括呈现工具、教学平台、实训教学场景、教学内容、教学角色、模式驱动因素等(表4-2)。

表4-3 数字技术对教学的影响

序号	技术作用	教学呈现	教学意义
1	呈现的工具	教学课件、动画、视频等	使教学内容以多媒体形式呈现,丰富生动
2	教学平台	网络课堂、直播教学、远程教学等	搭建线上教学场景,实现随时随地开展教学
3	实训教学场景	网络模拟实训平台(软件)、虚拟仿真实训室等	创设虚拟实训环境,提升实训教学效能
4	教学内容	数字化教材、教学资源库等	承载教学内容和资源集合,提供数字化教学资源共享便利
5	教学角色	智能教师、智能教学助理、智能作业批改、智能教学管理等	实现教学数据跟踪分析、智能评价、高效监督管理等
6	模式驱动因素	线上线下混合式教学模式、理实虚一体化教学模式、翻转课堂教学模式等	推动适合职业教育的教学模式改革,实现更为科学合理的教学模式

数字技术除了驱动教育教学要素发生变革,在对行动导向教学方法方面也产生了显著的推动作用。行动导向教学方法中的信息调查、自主学习、小组成员协同、评价实施等环节均可借助数字技术实现。如在线提供教学资源、微课、学习资料及虚拟研讨室、模拟实训软件、小组协同软件、评价小程序等。和传统方式相比,数字化工具平台等可以大大提高行动导向教学的实施效率,更好地支持教学设计与实施。

近年来,尤其是新冠疫情期间,一些课程团队依托互联网技术探索出了各种形式的行动导向改革实践。如,有的教师依托网络教学平台或虚拟社区面向分布各地的同学开展线上项目化教学,变革了项目化教学的组织形态;有的教师基于虚拟实训室平台打造线上虚拟实训情境,改革实训教学模式;有的教师借助线上直播平台与企业联合创造情境,开展实境授课;有的教师通过线上考核及教学监控实现对学生的学习评价;有的教师借助智能助手实现对学生的学习指导。总之,数字技术对教育教学方法产生了巨大冲击,不仅改变了传统教学的实施运行,而且重构了师生民主的教学关系,重塑了焕然一新的教学形态,也产生了更为积极的教学效果。即使在新冠疫情结束后,教育界由于已经认识到了数字技术对教育教学的突出贡献,因此依然热衷于探索基于数字技术的教学创新与变革。

2. 数字技术驱动新型教学模式

在前面教学模式的要素与分类部分,已经提到,数字技术作为技术条件驱动教学模式的产生,如线上教学模式、智慧教学模式等。另外,数字技术也可以改造和重塑其他类型的教学模式,呈现出新的形态。

(1)理实虚一体化教学模式

理实一体化教学模式原本是指理论和实践结合的职业教育教学模式。在此模式下,理论和实践不再是分离的教学过程,而是融合在一起,边学习,边实践,实现"做中教""做中学"。学生在掌握理论知识的同时,也训练了知识和技能的应用,形成了对接真实工作业务的实践能力。当理实一体化教学模式被数字技术或互联网空间赋予新的技术和场景要素后,理实一体化教学模式逐渐发展为"理实虚一体化"教学模式。"虚"是指虚拟空间。所以,"理实虚一体化"不仅包含了理论和实践要素的一体化,也包含了真实的物理空间和虚拟网络空间的一体化。这种模式在需要基于互联网平台或模拟软件开展实训或者基于虚拟现实技术开展实训的课程中尤为典型。

如在"网店运营与管理"课程中,依托淘宝、微信、抖音等平台开设真实的网络店铺,并结合店铺拓展教学项目就可以很好地实现理论与实践、物理空间与虚拟空间的一体化教学。用于物流管理、财会模拟等课程的管理类模拟软件,用于建筑、医疗、航空类虚拟现实实训软件等都可以应用"理实虚一体化"的教学模式。

"理实虚一体化"教学模式借助数字技术可以实现职业院校实训环境及设施的搭建,将职业要素和工作过程充分地引入教学,为学生实践能力训练提供条件。同时,这种模式有效地避免了成本较高的硬件投入,起到节约成本的作用。另外,对一些实践环境过于复杂或者实践操作对象(如婴幼儿)不容易真实化的课程,借助模拟软件或基于VR/AR技术实现的虚拟仿真实训系统能够更好地为学生提供训练场景,"理实虚一体化"的教学模式也就更加需要。

(2) 线上线下混合式教学模式

混合式教学模式(Blended Learning)是近年来教育界广泛应用的模式。它将传统的线下学习方式和基于互联网平台的线上学习方式结合起来,有效整合了教学资源和教学环节,弥补了传统教学在资源呈现和教学实施效率上的不足。混合式教学模式一经推出立即获得高度关注,并产生了大量实践成果。无论在普通教育还是在职业教育中,许多教师开展混合式教学,改变了传统的教学模式。职业教育由于具有职业性、实践性、跨界性等特征,不仅需要完整的原理性知识,还需要大量职业元素,如企业案例、岗位业务、职业能力标准、现场情景、实践操作等多种类型或形态的资源内容。将线下教学和线上教学结合可以很好地满足职业教育教学的需要。

线上线下两个教学空间结合,可以在教学资源部署、教学环节协调、教学角色分配等方面实现更好的组合。适合线上教学空间的资源、环节等部署到线上教学平台进行。适合线下面对面开展的教学内容与活动则部署到线下课堂。比如,可以将课程的教学内容提前上传到线上教学平台,提供给学生自主预习;在线下面授教学时组织学生答疑和小组讨论,强化对知识的理解和交流深化;作业和考核环节也可以应用线上教学系统实施。线上系统可以跟踪学生对知识的学习和掌握情况,并为之提供个性化知识辅导和学习推荐。总体而言,课前线上预习、课中线下讨论、课后线上作业的三段式基本应用较为普遍,体现出对网络学习空间的基本优势利用。

在越来越多职业院校教师开展混合式教学的同时,也出现了一些教学实施的误区。如有的课程将教学课件、教案或教师授课录像上传到线上教学平台,提前布置给学生学习。然后在课堂上再重复讲解一遍,没有有效地设计线上和线下教学的有效衔接,而且也浪费了学生的时间,消耗了学生参与混合式学习的兴趣。有的课程将线上教学平台主要作为记录考勤和提交作业的空间,没有充分利用好一些优质教学平台提供的教学活动功能。在一些混合式教学模式的实践中,教师对驱动学生学习的一些数字交互功能、个性学习功能、智能管理功能的应用还不够充分。

混合式教学实施的关键是设计好线上线下两个空间的教学部署和衔接,将两个空间独特的优势以及结合的优势发挥到极致。因此,应基于课程需要做好线上线下资源及环节的部署与衔接设计,并在教学活动开展过程中无缝混合实施。既要求对课程需要精准把握,又需要对线上平台和数字化教学技术掌握熟练,还要协同好线上教学与线下教学的互补效益。这给大多数职业院校教师带来不少的挑战。另外,混合式教学实施也要注重时间管理,安排不当可能会造成学生大量时间的占用。尤其当学生面向的多门课程同时开展混合式教学时,学生可能会在线上学习安排时应接不暇,导致没有充分的时间参与自主学习。所以,合理协调课程混合式学习的时间,做到效率与效果兼顾也是教师面临的一个挑战。

总而言之,无论是信息技术还是数字技术,都对职业教育教学发展产生了巨大的推动作用,实现了教学内容和教学组织的数字化呈现、优质课程资源的共享、协同开放的学习空间拓展、自由民主的学习关系构建,推动了师生数字素养的提升,并形成了全新的职业教育教学形态。数字化转型已经成为我国职业教育高质量发展的必经之路和重要战略。

四、职业教育教法改革面临的问题与进路

(一)教法改革面临的问题及挑战

为什么教法改革一直是职业院校教师持续面对的问题,一直是职业教育政策强调的重点?职业院校教法改革到底面临怎样的问题?职业教育的教法改革应该从何处入手?为掌握这些问题,课题组面向11家本省职业院校376名教师开展了问卷调查。同时也面向69名教学管理者进行了"一对一"的访谈。试图通过教师视角和管理者视角的调查访谈来获得职业院校教法改革面临的主要问题。

1. 职业院校教师视角的教学方法问题

面向教师展开的调查主要包括了对教师教学方法的认知与能力具备、实施行动与效果感受以及认为影响教法改革的原因三个方面(表4-4、表4-5、表4-6)。

表4-4 教师的认知与能力具备调查结果表

序号	问题条目	是	部分了解	否
1	是否接受过职业教育教学方法的系统培训	27.5%	31.3%	41.20%
2	是否掌握建构主义、多元智能等教学理论	5.33%	12.61%	82.06%
3	是否完整了解行动导向教学方法	7.36%	20.17%	72.47%
4	是否掌握项目教学法的设计与实施	27.89%	35.31%	36.80%
5	是否掌握案例教学法的设计与实施	48.15%	39.17%	12.68%
6	是否掌握情境教学法的设计与实施	21.76%	31.51%	46.73%
7	是否掌握其他行动导向教学方法的设计与实施	2.34%	5.49%	92.17%
8	是否掌握教学数字化、智慧化技术	21.3%	27.27%	51.43%
9	是否认为职业教育教学法改革非常重要	90.16%	0.5%	9.34%

表4-5 教师实施行动与效果感受调查表

序号	问题条目	是	否
1	所用方法与自己所接受的普通教育教学方法一致	70.31%	29.69%
2	应用讲授法占比超过50%时间	41.1%	58.9%
3	课程教学中应用项目教学法、案例教学法、情境教学法等行动导向教学方法	47.91%	52.09%
4	课程教学中应用其他行动导向教学方法	2.31%	97.69%
5	感受到职业教育课堂教学难度大,有过挫败感	79.3%	20.7%
6	教学过程组织比较理想	65.39%	34.61%
7	形成了基于行动导向的教学方法创新	62.5%	37.5%
8	对自身课堂的效果满意	46.73%	53.27%
9	对学生课堂参与表现满意	39.15%	60.85%
10	认为课堂教法改革成效明显	81.32%	18.68%

表 4-6 教师认为影响教法改革的原因调查表

序号	原因条目	选择占比
1	没有系统学习过,不掌握方法	79.71%
2	教法改革和教学设计太麻烦	59.38%
3	认为教学法改革对教学效果作用不大	7.06%
4	学生参与积极性不高、教学组织难	26.39%
5	个人改革投入得不到回报	19.34%
6	数字技术冲击教学形态带来困难	59.61%
7	配套的教学环境设备投入不够	35.89%
8	学校政策支持力度和改革氛围营造不够	39.77%
9	缺乏来自相关企业的教学资源支持	43.59%

通过调查发现教师主体在推进教学方法改革的过程中问题较为复杂,既有来自个体认知和能力具备上的问题,也有在改革实施中行动力、行动效果及改革信心方面的问题,还有来自学校、企业等主体支持方面的问题。数据表明,职业院校教师在教学方法改革方面存在的问题主要体现在教师的认知与能力具备、实施行动与效果、接受过系统化的职业教育教学方法培训的教师比例远远不够,多数教师对职业教育教学方法的认知是零散的、模糊的甚至是没有整体概念的;教师都认可教学方法的改革非常有意义,但是对于建构主义、多元智能等教学理论以及项目教学法、案例教学法等行动教学法的认知还较为欠缺;完全掌握项目教学法、案例教学法、情境教学法等方法设计与实施的教师比例不高;传统教学方法支持下,学生学习的积极性、学习效果并不理想;数字技术给教学方法的改革带来不小的挑战。被调查者普遍认为学校在教学方法系统性改革方面的投入和支持力度不够是导致这些问题的主要原因。

2. 教学管理者视角的教学方法问题

"一对一"访谈面向学校及二级学院的教学管理者进行,主要访谈学校或二级学院对教学方法改革的推进工作情况,教师进行教学方法改革的整体意愿和效果,学校面临的问题和挑战等。被访谈者普遍认同教法改革是职业院校内涵改革的关键内容,学校应大力推进职业教育教学方法改革;要完善教法改革的体制机制建设,做好完整的改革方案,突出改革效果的考核。但同时也认为教师和学校在推进职业教育教学方法的改革中面临一些困难:如教师对职业教育教学方法的认知和领悟问题、教师对教法改革的意愿问题、课程改革实施执行力问题以及学校改革引导和政策激励问题等。另外,当代职业院校学生的学情特点和数字技术的发展也给教师的教学方法改革和教学模式创新带来不小的挑战。

通过调查与访谈发现职业院校在教法改革领域存在的问题较为明显。问题的分布也从职业教育教学法的认知到教师教法改革意愿和信心的建立,再到教师对教法改革的设计和实施以及学校企业等支持因素。从中表现出以下几种矛盾:教师对教法改革的意义认可和主观上实施改革的意愿不强之间的矛盾;教师对教法应用的需求和缺乏系统认知之间的矛盾;教师对改革效果的期待和实际状况之间的矛盾;教师对支持保障的需要和学校及企业支持不足之间的矛盾。职业院校要解决教法改革面临的这些矛盾,就要对标问题维度,系统设计并协同推进,探索教学方法改革进路。

(二)职业院校推进教学方法改革的进路

教法改革的主体有作为直接设计者和推动者的教师,有作为当事人的学生,有发挥主导作用的职业院校,还有发挥政策推动作用的教育主管部门等。

教师主体要推进方法改革,首先要加强对职业教育教学方法的系统性学习认知,理解职业教育教学方法与普通教育教学方法的不同,掌握职业教育教学方法的基本原理和实施步骤。然后要能够结合所授课程对职业教育教学方法进行选择,进行全新的教学设计,突出能力导向的教学组织以及保障教学行动质量的控制,形成课程教学改革实施方案。教师还要能够在课程教学实践中去实施教学改革方案,做好教法改革的执行行动,控制好行动过程和质量,做好课程教学的评价实施,并结合教法改革情况在课程中进行反思改进。只有具备了对职业教育教学方法的认知、应用设计和实施能力,职业院校教师才能具有推进教法改革的自信心和主动性,才能推动教法改革的成效。

职业院校在推动教学改革时应将教师的内驱力和外在动力结合起来,提高教师对职业教育教学方法的认知和理解水平,提高教师推进教法改革和模式创新的动力与能力。职业院校还要为教法改革及教学改革做好完备的制度体系、工作体系和硬件软件环境建设,并促进产教融合、校企合作开展教法改革的平台搭建。

1. 加强培训学习,提升教师系统认知

获得对职业教育教学方法的系统认知是职业院校教师授课的基本要求。

从教师角度来说,教师个体应结合好外部培训与自主学习形式,系统学习职业教育教学基本理论。理解职业教育教学的基本概念、需求特质,深刻理解职业教育教学方法内涵,包含理论基础、意义特征、方法类型、实施程序和控制评价等内容。系统的认知学习可以为教师有效开展职业教育教学提供好理论和方法基础。

从学校的角度看,教师对职业教育教学方法的学习需求也是职业院校培训工作的重点方向。职业院校应在内涵建设中加强职业教育教学方法、教学模式的培训,构建系统完整的教学方法培训体系,建设系统完整、需求导向、动态更新的培训资源,打造经验丰富、水平高超的培训团队,搭建服务全面、方便易用的培训平台以及形成科学有效的培训评价体系。通过培训,使学校教师能够掌握先进职业教育教学理念和教学方法,具备良好的职业教育教学胜任力,并推进教师教学能力的持续发展和教学改革的成果打造。对教师开展系统化的培训和教学方法的能力训练是提高教师教学法认知和改革能力的关键。

2. 基于课程实例,提升教师设计能力

不同的课程具有不同的教法需求特点,教学方法的选择和教学方案的设计决定了课程教学改革能否取得成功。结合国内外的研究来看,以项目教学法等为典型代表的行动导向教学方法是目前较为适合职业院校课堂的教学方法。在前面项目教学法、案例教学法等行动教学法的研究中提到了教学方法的适用性。每种教学方法有其特性及适用的范围。教师及其教学团队要立足课程需要和每种行动导向教学方法的特征进行研究、选择和应用设计。在研究选择教学方法时,应对应课程的教学目标、教学内容、学生学情、教学环境和条件约束列出对教学方法的需求描述,然后选择能够更好地实现课程教学目标、呈现教学内容、吸引学生参与、取得教学成果的方法。如在一门课程中教学团队经研讨,确定采用项目教学法为课程教学的最佳整体教学方法。教学团队要立足项目教学法进行教学方案的设计,明确教学实施的步骤环节、内容安排、方法手段应用、角色任务、组织管理、控制评价等,形成完整的课程教学设计方案或改革方案。

根据课程设计教法改革和进行教学设计是职业院校教师教学能力的重要组成部分,而且随着经验的积累,教师可以形成对不同课程教法改革的规律把握,甚至构建成熟稳定的教学策略和教学模式,成为真正懂职业教育教学方法和模式应用的教学专家。

这里还是要注意"教学有法"但"教无定法","贵在得法",一门课程并非只能有一种教学方法适用,在一门课程中或一堂课中也往往需要综合多个教学方法共同使用。一门课程可能整体采用项目教学法,但在一些教学内容或环节中可能用到讲授法、演示法、案例教学法等,不一而足。教师也可以在教学实践中探索和创新个性化、特色化教学方法和运用程式,形成自己独特的教学风格,取得更为优良的教学效果。

3. 突出教学实践,提高教师实施能力

教师在为课程选择好教法并形成教法设计方案之后,接着就需要应用在教学实践中了。如果说方案是教学设计的蓝图,那么教学实施才是课堂上真实具体的工作。正如学习者的能力需要在实践中锻炼形成,教师对教学方法改革的真正能力也要在教学实践中锻炼形成。教学实践是在完成教学设计和教学资源准备的基础上,在现实课堂中面向学生主体,对各类教学资源、任务、设施条件、情境要素等进行组织,并按照设计好的程序推进教学行为,在真实具体的时空范围内实现教学目标的工作开展。教学实施取得的成效也是真正反映教学设计是否成功的成果成效。

教师首先要为教学开展创设好环境条件,布置和构建教学空间,为教学开展提供必需的教学资源和参考资料,确保师生能够在必要的情景和资源配置下开展教学活动。其次,教师面向学生组织开展教学,包括先用真实、有趣、有价值的行动目标激发学生的学习热情,然后引导学生主动参与到教学活动中,推进教学任务实施。在此过程中,教师负责主持和组织教学活动的开展,监督和控制学习过程。教师不介入学生的行动过程,只进行观察和记录,当学生学习出现问题的时候,引导和启发学生解决问题。最后,教师要能够正确评价学生的学习过程和学习结果。如何激发学生的学习热情、如何组织学生的学习活动,教师观察什么、记录什么以及如何在碰到问题的时候适时地引导推进等都是教师要在教学实施中形成的一套方法路线,也是教学反思的主要依据。

4. 变革学习理念,提高学生学习能力

职业教育教法的改革不是教师一方的事情,学生也是改革中的主体。在学生为中心的教学理念实施下,学生是教法改革的中心角色。普通中小学阶段以传授法为主的教学方法让学生们习惯了坐在教室里被动地接受知识,再通过做题训练强化对知识的熟练掌握和理解。学生很少对接现实问题的挑战,很少亲身经历知识的形成、验证和应用。所以,学生在这样的教学方法或模式下很难建立真正的学习主动性,也缺乏对知识追求的内在价值动力。所以,当学生进入职业教育阶段,如果切入到与普通教育完全不同的行动导向教学模式下,就会出现不适应或者学习能力不足的现象。从原来知识认知训练的学习方式到动手为主的学习方式,从被动传授知识的方式,到主动解决问题的方式,从以听说教为主的方式到以自己主动交流沟通合作的学习方式,从个体学习方式到小组学习方式,学生主体也面临着学习方式变革带来的巨大挑战。职业院校教师不仅要解决课程教学改革的问题,还要调整学生在中小学阶段形成的被动学习习惯。教师面临巨大的困难和挑战。

虽然职业教育教法的职业要素、情境设备等条件能够帮助学生产生学习兴趣,转换学习理念,在已有的能力素养基础上可以尽快适应职业教育教学的实施。但职业院校对学生参与职业教育教法改革的组织引导和基本训练也是非常必要的。职业院校应该在公共基础和专业基础培养阶段就应充分开展对学生学习能力、思维能力、方法能力、技术能力、资源管理能力、团队协作能力、交流沟通能力的教学训练。将职业核心能力素养的培养融入所有课程,让学生在进入职业教育教学中逐步变革学习理念,形成应对现实问题、主动学习和解决问题的学习习惯。

实际上,在行动导向教学方法实施过程中,学生主体一般会经历一个产生兴趣、觉察意义、积极学习、专注行动、克服困难、实现目标、享受成就、心理升华等系列过程。教师应对教法改革中学生的这些心理和行为过程进行分析,引导学生学习内驱力的发展,在教法改革的过程中实现对学生职业能力的全面培养。

5. 设置激励制度支持,强化教师意愿动力

任何一项改革都将意味着对过去行为的改造甚至否定,教师可能会面临不习惯、不适应甚至抗拒的境地。教学方法改革对教师而言是一项耗时耗力的工作,还面临失败的风险。因此,学校推出有力的激励制度来支持教师教法改革非常重要。

首先,学校可以依托课程改革、课堂改革、教学比赛等载体进行教法改革,将教法改革纳入教师教学业绩考核评价体系。鼓励教师开展项目化、情境化等行动导向教学,鼓励理实一体、线上线下混合教学模式的应用。其次,学校可从专项研究角度,设立课程教法改革专项研究,突出结合教学实践的改革研究,鼓励教师边做边研究,边研究边进步,取得理论和实践上的教法改革成果。再次,将教师推进教学方法改革工作纳入教学改革的评优评先系

列,鼓励教师积极探索创新,获得先优荣誉,成为典型榜样。学校还可以大力宣传教师教法改革的具体做法和取得的成绩,带动模仿学习、追赶超越的积极进取的风气。学校还要重视教法改革的培育和帮扶实施,帮助教师取得教法改革的成功,树立起创新改革的自信心。

将"业绩考核＋改革项目＋先优荣誉＋典型榜样"等激励方式结合起来,为教师推进教法改革提供强大的支持动力,激励教师愿意付出努力去探索改革,克服改革过程中的困难,推动改革成果,提高教学质量,打造教学改革成果。

6. 建设软硬环境,提供改革场景条件

教学实施离不开教学环境,其中的硬件、软件及其他设施条件是支持教学方法运行的重要因素。教学硬件包括教室、多媒体教学设备、交互式教学设备、教学仪器、教学所用机器设备及工具、虚拟仿真硬件设备等。教学软件包括教学演示软件、教学互动软件、模拟操作软件、网络教学平台、虚拟仿真软件以及教学管理软件等。职业院校教学环境也会包括真实的设备、产品、材料、平台、工具等。

不同的专业课程对教学硬件、软件设施的需求不同。学校应为教法改革和教学实施提供必要的环境条件。如在餐饮制作类课程中,需要真实的加工材料和工具设备等条件;在财务管理类课程中,需要财务管理的相关软件;在旅游类课程中,模拟现场的视频情境或虚拟仿真环境很有必要;在医学护理类专业或检验检测相关专业中,操作使用真实的工具仪器、真实设备就是必要的。

教学方法改革旨在更加适应职业教育教学需要,培养学生形成真正适应职业岗位的工作能力。因此,教法改革中应该尽可能充分体现真实岗位所处的环境因素,为教学实施配备完整的职业情境,加强教学建设,优化软硬件和数字技术结合的教学条件,更好地推进教学改革,提升教学效果。

7. 完善协同机制,搭建校企合作改革平台

产教融合、校企合作是职业教育办学的基本模式,也是办好职业教育的关键。职业教育的本质要求校企"双元"主体合作渗透到教育教学的各个方面,包括从专业设置到专业建设,从人才培养方案制定到人才培养模式改革,从教材及教学资源共建到教育教学环节的联合开展,从课堂理论与实践的教学到跟岗顶岗实习实训工作的开展,从教改科研合作到技术技能服务。所以,作为职业教育专业建设的重要内容,校企合作不只是平台的搭建,更要融

入课堂教学工作的开展。

无论是专业整体的教学改革还是包含特定内容与方法的课程教学改革都是职业教育教学的改革构成,离不开企业主体、职业要素的融入。在专业建设工作中,课程教学、教法改革需要建立起实用的校企合作平台并完善合作运行机制。确保教学开展过程中真实或模拟的企业场景能够充分进入并支持职业教育课堂教学,真实的项目、任务、案例能够引入教学,学校教师和企业教师能够联合开展教学活动,企业能够参与学生职业能力成长过程以及学习评价。可以说,职业教育教学方法改革尤其是项目教学、情境教学等行动导向教学方法改革离不开校企合作的支持。

国际上的"双元"制、CBE等教学模式是典型的校企合作教学模式,而已在我国流行的现场教学模式、学徒制教学模式等也都离不开企业主体。

8. 建设标准体系,确保教法改革质量效果

教学方法需不需要具有评价标准?一般来说,我们对角色、产品、事物、工作等都会有要求,特别是需要保证基本达标质量或者需要划分质量等级或类别的事物。教学方法是教学实施中的关键因素,承担着教学内容的传授、教学目标的达成和教学效果/成果的实现。我们对教学方法必然是有要求的。从这个逻辑看,教学方法应该要有一定的质量要求或评价的标准规范。

但教学方法往往不是独立的,是融入课堂教学中的要素。各学校对课堂教学都是有评价标准的。因此,可以考虑将教学方法的要求融入课堂教学评价指标中,从形式、效果等方面整体评价教学方法。如描述为:"课堂教学是否改革传统教学方式,灵活应用项目化教学、案例教学、情境化教学等教学方法,提高课堂吸引力和学生参与效果,取得比传统教法更显著的教学效果"。这样的描述推动教师对高效教学方法的采纳应用和效果实现,可以纳入课堂教学质量评价中。在一些对教师考核评价及教学评优中,也可以融入对教学方法的改革创新及实施效果的评价指标,以此凸显教学方法改革在评价中的重要性。但这样的评价可能是整体面上评价,对真正的教学方法本体评价的考虑不够细致。在真正指导教师选择和应用教学方法、实施教学方法改革上并不具备操作价值。所以,如果当学校在一定时期内要突出推进教学方法改革时,应当考虑设计出独立的教学方法评价规范或标准,深入推进学校的教学方法改革。

教学方法评价的制定应立足教学应用本身需求,重视教学目标的达成、教学过程的实现和教学效果的取得,还应考虑教学方法自身的科学性、操作

性等。好的教学方法必然有其科学的理论和方法基础,具有现实操作的程序步骤,在职业院校教学环境下能够易于实施。教学方法还要能够面向学生具有吸引力,能够调动学生参与教学的积极性,驱动学生的学习行动,并且对学生职业能力提升具有更好的塑造性。如果一种教学方法的改革还能促进学术上的理论完善和改革创新更是增值因素。各职业院校可以综合把握这些脉络对教学方法评价的标准进行设计。

教学方法评价标准的制定是对教学方法的指导机制,有助于教师选择和推进教学方法的应用。除了这一类标准,还有一类是教学方法内部包含的标准体系,也需要在实施中特别重视。比如在前面提到的项目化教学法、案例教学法等行动导向教学方法中,方法实施过程中的阶段性工作标准体系的建立也是至关重要的。因为具有行动序列,而且是以学生为中心的行动过程,教师应为行动教学的每个阶段设定工作标准,以保障每个行动阶段达到基本标准。在教师不进行干预的情况下自主组织,按照正确的方向执行学习行动。这是行动导向教学方法成功实施的关键。

无论是教学方法实施过程中师生应用的标准,还是教学方法应用结束后教学单位或课程团队整体评价的标准,都需要评价设计者和教学管理者综合分析、科学设计,为科学的职业教育教学方法改革保驾护航。学校、二级学院和教师个体都应该齐心协力做好教法改革工作。

第五章

以标准建设推动职业教育"三教"改革

一、职业教育教学标准内涵

1. 什么是标准

《现代汉语词典》中对标准的解释为：① 衡量事物的准则；② 本身合于准则，可供同类事物比较核对的事物。中国国家标准化委员会对标准的定义是"为了在一定范围内获得最佳秩序，经协商一致制定并由公认机构批准，共同使用的和重复使用的一种规范性文件。"国际标准化组织（ISO）的标准化原理委员会（STACO）以"指南"的形式给"标准"的定义作出统一规定：标准是由一个公认的机构制定和批准的文件。它对活动或活动的结果规定了规则、导则或特殊值，供共同和反复使用，以实现在预定领域内最佳秩序的效果。各方对标准的定义虽然不一，但在共性上都认可标准在一定范围内的准则作用和规范性。

标准广泛存在于经济社会，规范、约束或引导各类社会活动，如产品标准、建筑标准、环境标准、数据标准、安全标准等。在教育界也有学校设置标准、专业设置标准、人才培养标准、课程标准等，对教育教学事业的发展起着规范和促进作用。作为培养人才的主要领域，教育教学的质量要求和标准规范十分必要。

2. 职业教育教学标准的概念与内涵

学术界、职教界虽然已经从学校、专业、课程等工作层面对相关标准进行研究探索，但对到底什么是职业教育教学标准并没有确定的说法。

从字面构成理解，职业教育教学标准是面向职业教育领域的标准体系。职业教育服务产业经济人才需要，教育教学的质量要求非常关键，决定着高素质劳动者和技术技能人才培养的实现。因此，明确职业教育教学标准内涵,完善职业教育教学标准制定,并推动职业教育教学的高质量发展应是职业教育标准建设工作的主要目标。

结合前述各方对标准的定义,可以将职业教育教学标准定义为面向职业教育教学各项工作,对职业教育教学要素、工作过程和质量结果进行规范与衡量的系列规范性的文件。职业教育教学标准应由国家教育主管部门、省级教育主管部门、职业院校、职业教育行业委员会等组织制定并颁布实施,服务于职业教育人才培养目标的视线和职业教育质量的提升。

本概念对职业教育教学标准的范围、内容、形式、作用和形成过程进行了初步界定,也将是接下来相关标准研究的概念基础。同时,也希望能够抛砖引玉,引发学术界、职教界等对职业教育教学标准的概念进一步完善。

从内涵上考虑,职业教育教学标准具有与普通教育教学标准共性的体系框架,也具有本体应该具有的类型特征。

职业教育教学标准必须适应职业教育类型特征。职业教育与普通教育相比具有不同的需求、目标、主体、内容和方法等特征。因此,职业教育教学标准在制定和实施过程中,应满足职业教育教学需要,适应职业教育教学特征。职业教育教学标准应突出职业教育的跨界性,能够推动产教融合、校企合作办学模式的健康发展;职业教育教学标准应突出与产业企业的对接,推动人才培养、教师发展、教学改革及科技创新等方面实现产教协同、共同发展;职业教育教学标准应突出职业教育层次的连贯性,建立满足中职、高职、本科不同层次的标准体系并实现层次间标准制定的一体化连贯;职业教育教学标准应突出对学生职业能力的培养,实现德技并修、以能力为本位的评价导向。

职业教育教学标准是系列标准的集合,是丰富的教学标准体系。一般意义上的标准包含了规章制度、评价体系、工作流程、技术规范以及质量管理体系等形式的规范性文件。相应地,职业教育教学标准包含职业教育教学相关的管理制度、评价体系、工作流程和制度规范等文件。标准应面向职业教育教学的构成要素、工作过程、质量管理、评价评估等工作领域进行制定。截至目前,国家层面对职业教育教学构建的标准包括职业学校设置标准、职业教育专业目录、专业教学标准、课程教学标准、专业实习标准、专业实训教学条件建设标准、职业教育"双师型"教师标准等。职业院校层面的教育教学标准一般包括专业人才培养方案、课程标准、实习实训标准、教师职称评聘标准等。一些省域、市域层面也会根据国家标准体系建立适用于地方的职业教育教学标准。但现有的标准主要包含了一些主要领域的通用性标准。对于一些规范具体教育教学要素和工作质量的标准还比较欠缺,如职业教育教材建设标准、职业院校教师能力发展标准、职业院校课堂教学质量标准等。尽管一些标准具有较为明显的个性化需求特征,但对于职业院校的具体教育教学实施来讲依然非常重要,亟待建立。职业教育教学标准是覆盖多领域、多层面的系列标准的集合,是一个丰富的教学标准体系。

职业教育教学标准要促进职业教育功能价值的实现。职业教育教学标准制定和实施的主要目标是指导教育教学各项工作的开展,保障技术技能人才培养质量,促进职业院校教育教学事业发展。为实现此目标,需要对发挥支持作用的教育教学要素如教师、课程、教材、教学方法、教学资源、实训条件等提出质量规范或标准要求,配套相应的实施流程和工作制度。标准制度体系的建立一方面可为人才培养提供质量依据,保障人才培养的内容、过程和结果可靠稳健。另一方面,对于质量效益更好的教育教学要素或方法行动也应设置层级标准,实现职业教育教学更高质量的水平评测与发展推进。除了人才培养,职业教育还承担社会培训和技术技能服务功能,也可以建立相应的保障性和发展性标准。总之,职业教育教学标准应包含保障人才培养和教育教学的基本标准,也应包含促进高水平发展的层级标准。各类标准协同促进职业教育功能价值的实现。

二、职业教育教学标准的必要性

职业教育教学标准的建立如此重要反映了各方利益主体的价值期待,也反映了职业教育的自身发展需要。

1. 社会期待需要教育教学标准

职业教育旨在培养高素质的劳动者和技术技能类人才,是服务社会岗位就业的教育。职业教育为促进经济社会发展提供了必需的人力资源,为学习者谋求职业发展、参与社会分工提供了公平的机会。高质量的人才培养有助于促进高质量的岗位就业,高质量的社会培训有助于促进企业职工提升或再就业。经济社会对职业教育的根本要求是提高人才培养质量。正如企业生产的产品也要满足客户市场对质量的要求。质量只要有要求就需要通过一定的标准来衡量和规范。职业教育服务的客户既有作为学习者的学生,又有需求人才的行业企业,还有提供政策和资金支持的政府部门等相关利益主体。无论是学习者选择学校,政府部门决策是否值得投入支持,或者企业考虑是否招聘用人时，都需要对学校的办学水平和人才培养质量进行考量。经济社会和产业企业对办学水平高、人才培养质量好的职业院校更具好感度和满意度。支持办学水平和人才培养质量的系列标准或结果就是支持各方利益主体进行选择或决策的依据。

2. 职业教育本体要素建设与运行需要标准

职业教育本体系统是包含职业院校、专业、学生、教师、教学内容、教学环境和条件以及政策制度等多种要素及要素活动的教育系统。只有整个职业教育系统要素构成完备、活动运转有序才可能培养出满足质量要求的专业化技术技能人才。要保障职业教育系统要素的完备，就需要有对应职业教育教学要素的办学条件标准，作为各职业院校建设的参考和指引。要运转好职业教育教学系统，也需要完整、科学的流程秩序来规范教育教学工作的运行。职业教育教学标准不应只有人才培养质量的产出标准，还应包含对人才培养过程的系列标准来保障实施，确保规范的过程产生预期的结果。如专业建设标准、人才培养方案、课程标准、教学标准、教师标准、实训教学标准、实习标准等。系列职业教育教学标准的制定与实施可以为不同主体开展同类教育教学活动提供建设依据和质量参考。

3. 职业院校教育教学改革发展需要标准

改革是职业院校内涵发展的核心动力，是推动职业教育高质量发展的关键。为什么改，改什么，改成什么样，怎样去改，如何判断改革成效等都是职业院校推进改革必须明确的内容。职业院校的教育教学改革包括课程改革、教材改革、教师改革、教法改革、教学评价改革等若干改革内容。每一项改革都需要科学系统地设计。如在课程改革方面，各职业院校要在清晰梳理课程改革面临的主要问题的基础上，明确界定课程改革要实现的目标，然后找准课程改革的具体内容，设计推进改革任务的步骤方法，并准确把握课程改革后的状态绩效和评价标准。这样一系列工作内容、指导规范和标准制度共同构成课程改革的标准体系。课程达标建设类标准是对课程改革起始状态的要求、依据。质量评价类的课程标准是对课程改革效果的衡量和评判，也是对改革完成后的状态认定或比较。还可以为课程改革设计过程性工作、阶段性工作规范和成果标准，细化课程改革的标准构成，规范和保障课程改革的过程朝向正确的目标推进。不同阶段或角度的相关标准共同构成引导改革目标、驱动改革过程和评测改革效果的课程标准体系，构成课程改革中最主要的制度工作内容。

同样,对于教师、教材、教法等教育教学要素来说,如何改革教师、教材、教法,改成怎样的效果,如何去评判改革取得的结果和成果,这些问题也都是"三教"改革工作的关键问题,是在改革实施前就要先解决的制度建设问题。职业院校推进"三教"改革工作,需要匹配完整的改革设计和制度规范,建设教师、教材、教法改革的制度与标准体系,为改革工作提供建设基准和依据,为发展质量评估提供衡量和评判。没有科学的标准设计,就没有推动"三教"改革的有效抓手,难以实现教育教学的高质量发展。标准体系是职业教育"三教"改革发展的核心推进力量。

4. 职业教育生态发展需要标准

即使参照共同的上一级职业教育教学标准,不同的职业院校也会形成差异化的实施结果。因为有些学校在职业教育教学要素和工作建设过程中会通过要素升级和活动优化实现探索创新,落实高于上一级的标准,并实现人才培养质量和办学效益提升。当各学校根据自身建设要求不断优化建设要素后,就会升级建设标准,在不同的专业领域形成各自的优势特色。然后再互相学习交流,互相竞争创新。因此,职业教育教学标准有助于职业院校之间形成良好的合作与竞争关系,促进职业院校"百花争艳"持续发展的良好生态。

职业教育教学标准是职业院校办学规范性的规定,是职业教育教学质量相对统一的衡量,也是职业院校教育教学改革的需要,还是职业教育生态健康发展的需要。没有职业教育教学标准,就没有衡量职业教育规范和办学质量优劣的依据,就缺乏改革发展和行业生态完善的动力。职业教育教学标准是推动教育教学改革发展的关键。

近年来,国家也高度重视职业教育教学标准建设。2019年《国家职业教育改革实施方案》发布,文件提出"构建职业教育国家标准""完善教育教学相关标准"并强调发挥标准在职业教育质量提升中的基础性作用。完善中等、高等职业学校设置标准,实施教师和校长专业标准,持续更新并推进专业目录、专业教学标准、课程标准、顶岗实习标准、实训条件建设标准(仪器设备配备规范)建设和在职业院校落地实施。2020年9月,教育部等九部门印发《职业教育提质培优行动计划(2020—2023年)》中进一步将健全国家、省、校三级标准体系,完善标准落地的工作机制作为重点任务。明确各地要在落实国家标准基础上根据经济社会发展需要和有关技术规范,补充制定区域性标准,各职业学校要在全面落实国标和省标的基础上,开发具有校本特色的更高标准。2020年10月,国务院印发《深化新时代教育评价改革总体方案》提出,教育评价事关重大,要破立并举,对学校、教师、学生等主体要素进行评价改革,完善健全各级各类评价标准。2021年在《关于推动现代职业教育高质量发展的意见》中在"深化教育教学改革任务"中强调通过制定双师型教师标准,完善教师招聘、专业技术职务评聘和绩效考核标准等强化双师队伍建设;通过及时更新教学标准,把职业技能等级证书所体现的先进标准融入人才培养方案等改进教学内容与教材;通过建立健全教师、课程、教材、教学、实习实训、信息化、安全等国家职业教育标准,鼓励地方结合实际出台更高要求的地方标准,支持行业组织、龙头企业参与制定标准等工作进一步完善质量保证体系。

5. 职业教育教学标准发展存在的问题

没有标准就没有质量。尽管职业教育教学标准非常重要,但一些问题的存在也制约了标准的制定和实施。这些问题主要包括:

① 对职业教育教学标准的认知和理念不到位、不深刻。职业院校一些领导、教师认为职业教育教学标准就是人才培养方案、课程标准、实训条件建设标准等,对于整个职业教育教学标准体系的认知不够完整,对教育教学标准的内涵和价值功能认知不够系统。一些职业院校将国家标准、省级标准的落实理解为对办学条件的约束或需要去落实的字面指标,对标准促进教育教学创新和内在改革的功能价值理解不深,没有将标准转化为发展动力。也有观点主张"课堂自由"并强调"教无定法",混淆教学标准和教学方法的概念,以此来质疑标准的意义。甚至有的教师认为教育教学作为灵活性、主观性较强的工作需要的是经验而不是标准。这些观点看到了教学的灵活性,关注了个体发挥的自由,但忽略了教学的规范性和质量性的要求,也忽略了学生学习效果和学习成果的目标要求。所谓的"课堂自由"并非教师单方面的随意自由或无质量约束的要求自由,而应该是在教育教学中做到"规范""质量"和"个性""多样"的统一。就是在实现基本教学要求的基础上尽可能充分发挥教师个体的能力水平和个性特点,启发学生更自由、更多元地去思考和创新创造。学校的教育教学至少要具有基本的程序、方法以及质量、效果的达标性的要求。教师如果连基本的课堂教学要求都做不到,又何来"自由"一说。

教育教学是创造性的工作。对不同的教师而言,同样的课程、同样的教学目标和教学内容、同样的教学场景,也完全可以采用不同的教学方法。但这并不意味着教育教学不需要标准。标准也不等于教学方法。作为非常严肃和具有重要意义的育人工作，教学活动要遵循教育教学的基本规律。因此，教育教学活动要有基本的程序和要求规范。而且，教育教学的实施更要讲究效果。没有好的效果，一切自由高明的教法也就发挥不出功能价值。职业教育教学的标准要在遵循职业教育教学规律的基础上重点关注教育教学目标的达成，关注人才培养和教学效果的实现。评价是衡量教学目标达成的核心工作，而评价是需要标准的。

② 职业教育教学标准体系建设不完整、不系统。职业教育教学标准应聚焦教育教学的目标结果、运行要素和工作过程。标准的制定应瞄准教育教学目标结果的实现，确保运行要素达到标准要求，保障实施过程科学规范。从单体要素角度看，职业教育教学包含学校、教师、学生、专业、课程、教材、课堂、教室、实训室等主体或客体要素。从建设工作视角看，职业教育教学活动中有专业设置、专业建设、课程设置、课程建设（含数字化课程资源建设）、教师队伍建设、教材建设、教室建设、实训室建设等。从教育教学环节看，职业教育教学有人才培养核心主线，包含课堂教学、实训教学、校企合作、顶岗实习、毕业就业、考核评价等环节。仅教师工作业务也包括了教师招聘、能力发展、业绩考核、职称评聘、教学比赛、先优评选等工作内容。现实运行中，职业院校可根据需要对各项要素、活动、环节等制定相应标准。在一些要素特定的属性方面也可以根据需要制定更为具体的标准，如对职业院校教师主体属性制定"双师"能力标准、师德师风标准、数字素养标准、兼职教师标准、教师行为规范等；对学生要素的主要属性制定思想道德标准、职业能力标准、数字素养标准、评先评优标准、行为规范等。从教育教学的目标成果角度考虑可以包括学业标准、学习成果标准、毕业标准、职业证书标准等。为促进改革发展、示范带动和评比激励等目的，教育部及各省市也会对教材、课程、实训基地等教学要素制定基本要求或不同等级的评价标准。总之，职业教育教学标准是一个庞大的标准体系，理应有一个完整、系统的标准框架。

但截至目前，国家职业教育虽已经建成一些核心标准，但完整系统的教育教学标准体系尚未建立。同时，由于各省市和职业院校层面的标准体系建设不够，致使"国家＋省(市)＋职业院校"的三级标准体系尚未系统地构建起来。有的地方和学校甚至在多项运行要素和工作过程中没有标准，影响了职业教育教学科学规范的发展进程。

③ 职业教育教学标准落实发展不到位、不细致。在国家职业教育教学标准基础上，各省(市)根据产业发展和职业教育状况制定符合本省(市)需求的

地方标准。各职业院校在地方标准的基础上再制定具体化、特色化甚至更高要求的学校标准。各级标准层层递进,协同实现落实与发展关系。但在现实应用中,有的学校对国家标准的落实不到位,没有按照国家和地方标准要求形成学校具体可操作的标准及实施方案;有的对国家标准照搬照抄,没有理解国家标准的指导性定位,体现不出学校的实际需要和办学特色;有的甚至不落实或建立相应标准,一些教育教学工作缺乏有效的标准规范和发展依据。究其原因,除了对标准认识和重视不够外,也有部分学校是因为受限于办学空间、师资、资金等条件的制约。因此,职业院校不仅要落实上位标准,完善教育教学标准体系建设,更要在标准的认知提升、落实保障上去努力实现。

④ 职业教育教学标准开发欠缺有效的方法论支持。国家职业教育教学标准的开发一般具有较为科学的设计和开发过程,且拥有来自全国的专家力量支持。而在各职业院校层面,除了认识和重视不足外,缺乏有效的方法论支持也是导致标准体系不健全、不具体的主要原因。一些临时性应用的标准往往缺乏科学、严谨的论证过程,导致指导性、适用性和操作性不足。

什么样的方法才是科学有效的标准开发方法?首先要结合标准需要探索有效的开发模式,明确标准的开发目标、开发原则、开发主体、内容维度、开发步骤、开发方法、开发实施(组织)、反馈修正以及标准评价等工作内容。然后重点设计标准的开发方法。标准开发方法主要在于指标内容确定、权重确定及计算方式确定。开发者可以用调研法、专家法等主观经验聚类方法对指标内容进行确定,也可以从本体事物的要素、行为和功能价值分析来设计;对指标权重的确定可以用经验分析或者用数据分析法得出;最后的评价计算模型也应综合考虑评价的目标要求和指标内容的内在逻辑设计一定算法来得出。这些都是确定标准开发方法时要解决的问题。

综合以上对职业教育教学标准的必要性分析和对目前存在的问题分析,可以表明,教育教学标准对职业教育具有非常关键的作用,职业教育教学工作离不开标准,是教育教学工作中不可缺少的组成。所有职业教育教学工作都需要有一定的质量标准依据或参考,并伴随着改革深入催生发展性的质量等级评价需求。将标准化工作引入职业教育教学改革是职业教育创新发展提升质量的关键。鉴于目前职业教育教学标准存在多方面的问题,职业教育教学标准体系的完善和开发形势紧迫,应该加快研究设计和推动建设开发进程。

三、职业教育教学标准体系框架

推动职业教育教学标准体系制定和实施的层面包括国家教育主管机构、省级教育主管机构和职业院校。因此,职业教育教学标准体系一般从纵向维度上包含国家级、省级和学校级三个层次,构成一个三级标准体系框架(如图 5-1)。国家级标准作为职业教育教学标准体系中的基础性标准,为地方和学校的标准具化与落实提供统一规范和方向指引。省级教育主管部门组织制定地方性标准和扩展性标准,在继承国家标准的基础上,根据各省地方产业需求和职业教育发展需求对国家级标准进行地方具化,扩展制定相关标准,并为职业院校更为具体的教育教学标准的制定提供要求和规范。职业院校在落实国家和省相关标准的基础上,结合地方产业需要和学校发展特色进一步细化和提高教育教学标准,形成可操作的特色具体标准,并根据教育教学要素和工作要求实现所有必需标准的制定与实施。

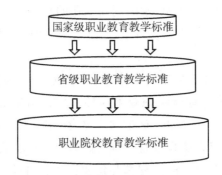

图 5-1 职业教育教学标准体系

前面提到,职业教育教学标准应聚焦教育教学中的目标结果、运行要素和工作过程,保障教育教学目标结果、运行要素达标以及工作过程的规范可靠。教育教学的要素是核心,工作过程是要素行为和方法,目标结果是要素在工作过程后的输出。对职业教育教学标准体系的设计可将要素作为依据,综合考虑各个要素的属性、工作行为和目标结果。

(1)面向教师要素。教师要素的属性主要指职业院校教师应该具有的职业道德和能力素质等。应具有职业道德规范、专业能力、方法能力、社会能力等属性要求。因此,应制定"师德师风""双师能力""数字素养""兼职教师""教学团队"等标准。还可以随着时代发展需要强化不同的教师属性特征,制定相应的标准要求。教师要素涉及的工作行为包括入职招聘、能力发展、课堂教学、实训教学、职称评聘、教学比赛等,应围绕所有关键工作行为制定相应的入门要求/达标标准以及促进教师发展提高的分级评价标准。教师要素的目标结果主要是对教师要素及工作达到的最终成果效果或阶段性结果的考核、评价、评选等,应包含业绩考核评价标准,各类先优或模范评选标准、教学或技能名师及其他荣誉认定评价标准等。

(2)面向学生要素。学生是教育教学作用的主体对象。属性主要是指职业院校学生应该具有的思想道德要求和专业能力素质发展要求。经过培养,学生应形成良好的专业能力、社会能力、方法能力,具备良好的思想道德素质、数字素养、专业素养等。因此,应制定包含知识、能力和素质培养的人才培养标准,也可以制定单项能力或素质标准,制定学生道德行为规范,制定需要强化的素养标准如数字素养标准。围绕学生主体的工作行为包括学生培养、学习实习、技能参赛、社会实践、创新创业等,应制定人才培养方案、学生学习行为规范、学生实习管理规范及相关标准、学生技能参赛相应要求规范、学生社会实践的相应要求规范、学生创新创业的相应要求规范等。面向学生要素的目标结果应制定学业考核标准、毕业标准、职业证书标准、各类先优评选荣誉认定等标准等。

教师和学生是教育教学中的主体要素,专业(群)、课程、教材、课堂等是教育教学的客体要素。综合考虑要素属性、行为、结果等内容,面向专业要素,应该有专业(群)设置标准、专业(群)建设标准、专业(群)考核评价标准等。面向课程要素,应有课程设置标准、课程教学标准、课程考核标准、课程资源(数字化资源)建设标准、课程精品优质评价标准等。面向教材要素,应制定教材建设标准、教材建设优秀评比标准,还可以根据职业教育教材改革要求制定活页式教材建设标准、手册式教材建设标准、融媒体或数字教材建设标准等。面向课堂要素,应有教室(教学空间,如专业教室、智慧教室等)建设标准、课堂教学规范或标准、教学运行(模式或方法)标准等。面向实训室要素,应有实训室(基地)建设标准、实训教学标准、实训教学考核标准、实训室(基地)评价标准等。

除了以上要素,职业院校其他支持教育教学的主体要素,如职业院校校长、行政职能部门负责人、二级教学单位负责人、专业带头人、教研室主任、二级教学单位学生工作负责人、辅导员等也应该有相应的标准规范。当然,教育教学支持性业务如产教融合校企合作、信息化支持、图书信息支持、国际交流与合作、学校治理等业务也都应该建立健全工作制度、规范和标准体系,保障各项业务的质量化发展,更好地支持教育教学服务。

根据以上分析,职业教育教学标准整体框架体系应包括教育教学支持业务层面标准、教育教学空间层面标准、教育教学主体层面标准、教育教学客体层面标准,共4个层面(如图5-2)。每个层面包含不同的标准模块,在每个模块中又包含要素相关的若干标准,形成整体化、模块化的标准体系框架。

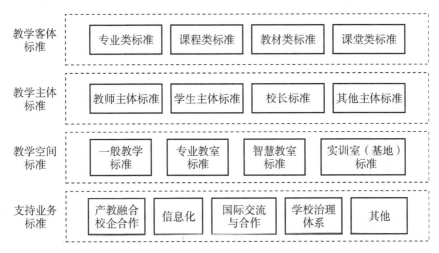

图5-2 职业教育教学标准框架体系

特别要注意在各种教育教学要素及工作过程中可能需要一些微观、细致的要求或者标准,这些标准可以是一个教学项目的教学标准,可以是一节课的实施评价标准,也可以是一个任务成果/结果的评价标准。任何一个必要、微观的、特定的标准也可以是构成整个职业教育教学标准体系的内容,只不过这一类标准的设置会更具有一定的具体性、特殊性和动态性。

对职业教育教学标准体系框架的整体构建是完整地认识和分析职业教育教学标准的关键。一方面是可以厘清标准体系内部的逻辑关系,另一方面也是更重要的方面是为了明确职业教育教学所需的标准结构和内容,为职业教育教学标准的建设完善提供依据,为职业教育教学落实各类标准实现高质量发展奠定基础。

四、职业教育教学标准的制定

1. 明确职业教育教学标准制定的目标

职业教育教学标准制定的目标既要着眼于整个职业教育教学标准体系,

又要着眼于某一项具体的教育教学标准需求。

职业教育教学标准制定的目标应旨在构建完整的标准体系,实现覆盖职业教育教学各项要素、工作内容的制度规范和标准依据,确保制定的标准相对独立,标准之间能够有机协同。对某一项具体标准,应立足标准对应的教育教学业务,围绕相应要素和工作需求进行科学设计,制定满足一定原则的指标体系,促进该项业务领域的建设发展。整体建设的职业教育教学标准体系能够满足职业教育教学基本需要和发展需要,促进教育教学条件的达标建设和改革深化,并最终推动职业教育(院校)高质量发展。

2. 建立职业教育教学标准制定的原则

标准制定的原则是标准制定时要遵循的指导,是贯穿标准制定工作过程的思想。职业教育教学标准制定的原则要能够符合职业教育教学标准的制定需要,能够推动标准对教育教学功能价值的发挥。

(1)坚持职业教育类型导向,制定职业教育特色标准。标准应充分反映职业教育教学规律,尊重职业教育教学的本质特性。面向职业教育类型要求建立层次分明、贯通衔接的教育教学标准体系。标准制定要贯彻好国家职业教育教学政策,紧抓职业教育教学的内涵特征和根本要素,突出高质量就业能力培养,融入产业职业要素,注重产教主体协同,用适合职业教育教学标准的开发模式和方法开发标准,建设体现职业教育教学特色的标准体系、标准内容和标准实施评价等。职业教育教学标准的制定要避免照搬普通教育教学标准体系,避免"张冠李戴""文不对题"。

(2)坚持职业教育教学需求导向,制定职业教育适用性标准。以满足职业教育教学的实际需要出发,以职业领域或技术领域的实际需求作为修(制)订教育教学标准的主要依据。坚持立德树人,促进全面发展。面向学校、教师、学生、企业等所有利益相关者进行充分调研。梳理每一项标准涉及的要素、要素活动及目标成果,服务该项标准要实现的目标,明确标准要解决的问题、要素资源和技术方法。明确标准是最低达标标准还是达标后逐级提高的发展性标准,制定不同层次的标准规范,旨在借助标准来指引和提高职业教育教学建设和质量水平,培养学生良好的职业道德、职业技能水平和就业创业等能力。标准的制定不能好高骛远,也不能过度低就,避免与教育教学实际需求的偏离。

(3)坚持产教融合、校企合作,组建专业化标准建设团队。产教融合、校企合作是职业教育基本办学模式,也包含对教育教学标准制定环节的落实。

职业教育教学标准的制定应积极吸收行业企业专家深度参与，一般由教育教学主管部门及学校组织专业人士构成标准制定团队。标准制定要注重教育与产业、学校与企业、专业与职业、教学过程与生产过程的有机对接。职业教育教学标准对接最新职业岗位标准、岗位规范，教学目标对应职业能力目标、要求，教学过程对应职业工作过程、步骤，教学内容对应企业真实项目案例，教学方法组织对应职业岗位工作方法，创新教学模式，实现"做中学、做中教"的理论实践一体化教学。只有产教融合、校企合作的标准建设团队才能进行产业企业和职业岗位信息的有效收集，进而进行标准体系的分析设计，再通过团队深度研讨确定出合适的标准内容。

（4）坚持系统统筹，构建完整协同的标准体系。在层次上，职业教育教学标准的制定应统筹兼顾中职、高职、本科职业教育教学标准的制定。各层次标准既要层级分明，又要系统考虑层级标准之间的衔接关系。职业教育教学标准体系是覆盖多业务、多主体、多环节、多要素的复杂系统。但各项标准都是服务于人才培养这一共同目标。标准之间应分工有侧重且整体协同，来实现教育教学目标的达成和推进教育教学质量提升。同时，标准之间又应具有协调制约关系。如人才培养方案作为专业人才培养的标准确定之后，课程标准、教师标准、教学条件标准、评价标准等也应承继来自人才培养标准的要求，并在各自领域基于需求进行细化。只有这样才能协同支持好人才培养标准的落实，圆满完成人才培养过程。标准之间的内容不应多度重复，更不能自相矛盾，要实现系统性协调。当一个标准要进行修订更新时，与其关联的其他标准也应进行适时修正。

（5）坚持SMART原则，建设科学有效的标准。SMART是一种目标设置的方法原则，代表着具体（Specific）、可衡量（Measurable）、可达成（Achievable）、相关（Relevant）和时限限定（Timely）五个关键特征。标准虽不同于目标结果，但却是用来衡量和评估这些目标结果的规范或准则。在制定职业教育教学标准时，必须考虑教育教学目标，以确保制定的标准与所期望的目标成果相符合，在制定标准构成的指标时应参考SMART原则。教育教学标准的指标应该是明确具体的，不应该模糊不清，便于实施者理解落实；指标应该是可以量化和测量的，便于衡量实施者努力的付出和达成的效果；标准指标应该是合理和可实现的，要考虑到现实的职业教育教学条件和师生能力等因素，确保指标的设定不是过难或过于简单；指标应与师生发展和教育教学发展目标需求相关，确保有用、有效；指标应明确好时间限制，提高教育教学工作实施的效率。坚持 SMART 原则有助于确保职业教育教学标准的明确性、科学性和可操作性。

(6) 坚持开放原则，建设先进合理的标准体系。职业教育教学标准须坚持开放原则，积极吸收国际、国内标准建设经验。每一项职业教育教学标准开发前，除了调研本地产业岗位需求，也要充分调研我国其他各省市学校以及发达国家在同类标准建设上取得的成果和经验，分析同类标准达到的水平，以及在建设理念、建设内容和建设方法方面的做法。将其中反映先进理念和技术方法的内容借鉴到本地或本校教育教学标准的建设开发中。但同时也要注意限度原则，对于过高或过低、不适合本地、本校职业教育发展水平的标准要素要进行批判性吸收，确保标准应用的合理限度。

3. 职业教育教学标准开发模式

职业教育教学标准对教育教学规范准则进行设置的工作，需要科学有效的开发模式和方法。结合职业院校教育教学标准开发的现状，可将标准开发总结为如下三种模式：

(1) "落实上位标准＋二次开发"模式

国家层面已经建有一些基础性的职业教育教学标准，有的省级主管部门也在一些标准领域组织了省(市)级标准的开发。从"国家——省(市)——学校"三级标准建设的维度，可以设计职业教育教学标准的开发模式分为"落实上位标准＋二次开发"模式。各地和各学校可以在落实现有国家教育教学标准以及省(市)标准基础上参照进行二次开发。二次开发的重点：一是对现有上位标准的具体化和细致化设置，提高标准的适用性、操作性和针对性；二是在落实原有标准的基础上开发补充特色模块，加入适合本地产业或本校教育教学的特色要求，实现标准特色化及其价值效益。

(2) 新标准结构化开发模式

现代职业教育进入高质量发展阶段，教育教学要求高，教学要素多，工作环节复杂。因此，职业教育教学标准的系统性设计开发任重道远。对一些尚未形成标准依据的领域，无论是国家层面、省(市)级层面还是校级层面都应该积极开拓、推进新标准开发的进程。新标准开发是经历从无到有的过程，没有上位文件依据，需要经历一个完整的结构化的开发过程，应该有需求分析、目标设定、模块化设计、标准编制、发布实施、反馈改进的过程。这一种模式虽然比上一种落实型的模式更费时费力，但可以更准确地分析标准的根本要素和本质内涵，完整地遍历标准开发与实施过程，确保标准开发的科学性和完备性。

(3)"横向借鉴"标准开发模式

"横向借鉴"模式指的是在开发本地或本校职业教育教学标准时,对其他国家、省(市)或学校的同类标准进行借鉴,吸取经验做法的标准开发模式。这一类模式适合上位标准缺乏、自身标准开发团队又不足的情况。这种模式和第一种模式的不同,主要体现在不是纵向的落实,而是横向综合借鉴,修改不适应本地或本校的标准内容,改造成适合本地化或本校应用的标准内容。当所借鉴的标准较为契合本校需要,本地或本校开发时只需要根据需要稍作调整,更改少许指标内容或指标权重、计算方式等即可应用于本校。职业院校也可立足本体需要借鉴多个各具特色的标准,综合各家经验改造设计一个全新标准。新标准可具有全新整合的标准模块和指标描述。

4. 职业教育教学标准开发方法

通常情况下,教育教学标准的开发是包括从需求确定到标准分析、标准设计再到标准编制,进而试用修订和发布实施的过程。本研究综合现有开发经验并借鉴软件工程中的开发方法探索确定"分析标准(Analysis)——设计标准(Design)——开发实施(Implement)——试用运行(Operate)——反馈修订(Feedback)"的标准开发方法,简称 ADIOF 方法(如图 5-3)。

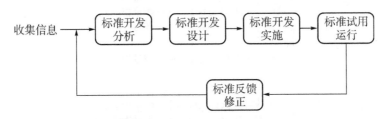

图 5-3 ADIOF 标准开发方法

(1)职业教育教学标准的开发分析

要制定科学有效的职业教育教学标准,首先要在充分调研的基础上做好标准的开发分析,主要包括对标准工作范围、工作目标、构成要素、工作过程、成效结果和相关经验等进行分析。

① 分析标准面向和工作目标。任何标准一般都具有层次定位和工作面向。从面向范围上看,有的标准面向全国,有的面向省域,有的面向学校。标准也有面向的对象、内容和参与实施的主体等。比如评价教师的标准,能够参与评价的主体有学生、学校、同行、家长等。不同主体评价同一对象的标准

也是不一样的。评价者和被评价者范围决定了标准的主体和客体对象。范围和对象等工作面向是标准制定的立足点。然后还要明确标准制定的目标是什么。明确该标准是要解决达标问题还是质量发展性问题。达标标准是保障教育教学实施的最低标准,质量发展性的标准着眼于满足在达标的基础上推进改革创新实现更高质量标准层级的衡量。达标标准和发展性的标准应用在业务工作的不同发展阶段。达标标准应用在业务工作的起始阶段,包含对职业教育教学工作的建设规定,确保实施的条件。发展性的职业教育教学标准应用在业务达标后的发展阶段,衡量业务发展的质量水平以及与同类主体的发展比较,为职业院校发展改革提供指引和方向。标准的目标定位确定标准开发的方向,是标准内容制定和预测标准结果的前提。要在明确标准开发总体目标的基础上列出标准开发的模块化目标以及可拆分的具体目标(如图5-4)。这也决定着接下来对实现具体目标的指标选择和判定。整体目标确定后要按照需要的维度进行目标粒度的分解,再考虑针对每一个目标粒度确定包含的代表性衡量指标。

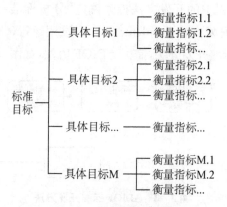

图5-4 标准目标细分图

② 梳理标准构成要素、工作过程和效果结果。结合确定好的标准目标要求,细分目标并梳理实现具体目标的构成要素、工作活动、达成的效果结果,形成分析结论。前面提到,同一要素根据不同属性或不同工作行为可制定不同的标准。标准的目标不同,则要分析的要素维度、内容和工作也不同。比如对教师"双师"能力的标准制定和对师德师风标准的制定不同,对教师教学能力评价的标准和科研能力评价的标准也完全不同。

对教师教学能力评价的标准应围绕教师的教育教学知识、能力、素质构成以及教学分析、设计、表现和评价等能力的设计。职业院校教师应掌握职业教育教学的基本理论、方法,并能够跟随时代发展和职业教育要求应用先进的教育教学理念。对教学分析和设计两个模块的能力应考虑教学分析和设计哪些内容,如何开展工作,实现哪些目标,取得何种效果。教学表现能力评价应重点关注教师课堂中的语言表现、内容呈现、工具技术表现、课堂组织表现等方面。教学评价能力评价应考虑教师所设计的评价是否科学、民主、公正、准确,能够实现多元多维全过程的评价导向,同时应重点关注教师的教学效果和成果导向,看学生的学习效果,取得的标志性学习成果等,基于成果产出的理念验证评价教师的能力水平。

综合以上分析,制定教育教学标准应考虑标准的构成要素(Elements)、工作过程(Behavior)和效果结果(Results),并在标准分析中涉及 EBR(Elements、Behavior、Results)分析表(如表5-1)。

表5-1 标准制定的EBR分析表

构成维度	项目	标准需求	备注
要素维度	要素1	要素1 标准需求	实现要素条件标准
	要素2	要素2 标准需求	
	要素3	要素3 标准需求	
	……	……	
工作过程	活动1	活动1 标准需求	实现工作过程标准
	活动2	活动2 标准需求	
	活动3	活动3 标准需求	
	……	……	
效果结果	效果1	效果1 标准需求	实现效果结果标准
	效果…	效果… 标准需求	
	结果1	结果1 标准需求	
	结果…	结果… 标准需求	

③ 调研分析该类标准目前的建设经验。国家级标准的制定要尽可能掌握职业教育发达国家在此方面的标准建设经验和梳理我国前期在此领域的做法。结合标准的时代性发展要求分析目前该类标准建设存在的问题,在对相关经验进行借鉴的基础上对相关问题进行解决突破。借鉴其他标准的经验主要看标准的设计理念、体系模块、指标描述、定量指标的算法设计等方

面。借鉴其他标准的关键,一是要能够深刻理解标准内涵,二是要将自身标准与他人标准进行对照,厘清共性和差异,借鉴能够实现本标准要求的共性部分或特色契合部分。如要制定标准A可以参考其他学校的同类标准B所设计的标准结构,也可以参考同类标准C的标准指标设置。借鉴多家标准优势,系统整合和改进制定标准A。但借鉴经验不能是生搬硬套和直接抄袭,而应该是对要制定的标准有明确的目标要求和成熟的设计思路,系统性、批判性地吸收适合的经验"为我所用",纳入要制定的标准中。

(2) 职业教育教学标准的开发设计

职业教育教学标准的开发设计应主要包括标准的逻辑结构设计、组成模块设计、指标内容设计、权重与计算设计、描述设计等。标准设计的结果应该是所要制定标准的逻辑结构图和设计说明。

① 职业教育教学标准的逻辑结构设计。无论要制定哪一种标准,首先要有一个整体层次结构,然后是指标顺序。整体层次结构指该标准设计为单层结构、两层结构、三层结构还是更多层结构。单层结构只有一个指标层级,两层结构要有"模块+指标",三层结构就要有"模块+子模块+指标"。标准体系结构的层次取决于该标准要素模块的分类维度以及对指标进行拆分的设计思路。如果该标准所需的要素属性简单,拆分层次越少越好,最好不超过4个层次。这也是为了标准后续实施的便利。标准层次结构越深,逻辑设计越复杂,后续操作就越复杂。

指标顺序是指标准构成模块之间及指标之间的逻辑结构。模块的构成应满足该标准工作领域的业务逻辑,整体覆盖业务需要。同时,标准的构成模块一般通过并列或先后关系的顺序组织,不能出现边界模糊、交叉套用的标准内容,保证每个标准模块得到相对独立的衡量。同样,每个模块内部的指标也应该满足内部逻辑需要,避免指标结构错乱不清。充分考虑标准的目标导向设计指标的逻辑关系。标准设计的结构不一定是单一的,可以是模块之间为并列结构而模块内包含并列或先后顺序的结构设置,也可以是模块之间为先后顺序而模块内包含并列或先后顺序的结构关系(如图5-5、图5-6)。这个逻辑结构也是基于前面标准开发分析的基础上进行的,依赖于对标准的要素和工作过程分析等内容。

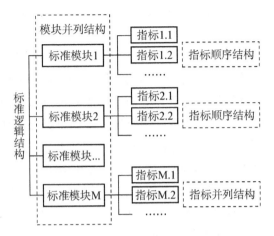

图 5-5 标准逻辑结构—模块并列结构图

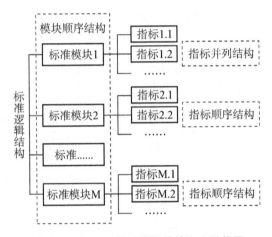

图 5-6 标准逻辑结构—模块顺序结构图

同层级的模块或指标也要有明确的逻辑关系。如有的标准需要指标之间同时满足"与"关系，几个指标维度都需要满足，如在对一些建设达标或考核标准中需要同时满足多项指标才能得出结论。有的指标之间是"或"关系，满足这一（几）条或满足那一（几）条均可，如在一些评先评优标准中。有的标准包含"非"关系，设定某项指标具有"一票否决"的定位，只要此条不达标，整个结论不满足。如在教师评价中对师德指标往往设定"一票否决"定位。一个标准也往往包括多种逻辑关系的结合，既有"与"关系的标准，也有"或"关系的标准。

② 职业教育教学标准的内容设计。职业教育教学标准的内容设计是确立标准构成模块和具体指标的过程。单层结构的标准包含的是具体的指标描述,设计内容只有指标设计。两层及以上结构的标准既要设计具体指标又要设计模块或子模块的划分。确定了模块和指标就实现了标准的内容。前面分析的标准目标决定着标准制定的内容重点和方向。标准内容的设计应围绕标准设计的目标实现。结合该标准的目标要求和前面所述的标准分析表(EBR分析表),再进行相关利益者调研和专家意见征询,初步设计标准的内容模块、模块构成和具体指标。再利用相关的数据分析方法筛选确定重要性、关联性最适合的模块和指标内容。标准的模块和指标内容应能够客观、真实、全面地反映标准工作领域中对象的要求和性能表现,并考虑支持这些内容和指标的数据获取是否具有实际可行性,指标是否可以被衡量和量化。对于质量发展性的指标设计还看其是否具有可比性,不同时间点、对象之间能够产生不同的结果结论,最后形成标准内容设计表(如表5-2或表5-3)。

表5-2 标准内容设计表(两层结构)

标准模块	指标	指标说明
模块1	指标1.1	指标1.1说明
	指标1.2	指标1.2说明
	……	……
模块…	指标…	指标…说明
	指标…	指标…说明
模块N	指标N.1	指标N.1说明
	指标N.2	指标N.2说明
	指标N…	指标N…说明

表 5-3　标准内容设计表（三层结构）

标准模块	子模块	指标	指标说明
模块 1	子模块 1	指标 1.1.1	指标 1.1.1 说明
		指标 1.1.2	指标 1.1.2 说明
	子模块 2	指标 1.2.1	指标 1.2.1 说明
		指标 1.2.2	指标 1.2.2 说明
模块.	子模块...	指标...	指标...说明
		指标...	指标...说明
	子模块...	指标...	指标...说明
		指标...	指标...说明
模块 N	子模块 N.1	指标 N.1.1	指标 N.1.1 说明
	子模块 N.2	指标 N.2.1	指标 N.2.1 说明
		指标 N.2.2	指标 N.2.2 说明
	子模块 N...	指标...	指标...说明

③ 职业教育教学标准的指标权重设计。权重设计在标准设计尤其是在评价标准中是一个非常关键的环节。权重反映了不同标准模块及指标对于整体评价结果的重要性和贡献程度，影响着最终的评价结果。职业教育教学标准的权重设计取决于标准面向的工作领域和目标要求。在多数达标性的建设标准中可以不涉及权重，每个标准模块都是必须满足的条件，模块之间对等独立，满足所有模块要求才能实现达标标准。在大多数发展性标准尤其是质量评价评优的标准中，一般需要汇总标准各模块的表现数据，通过量化数据来综合衡量整体表现。这样的标准往往包含多个评价模块及标准，需要设计模块及相关指标的权重。权重的合理设计可以确保评价结果更加客观准确，反之则可能引起评价结果的偏颇。

进行权重设计的步骤可参考如下：

步骤 1　立足标准设定的目标，分析哪些指标对于达成目标最为重要。

步骤 2　与教师、学生、企业等利益相关者研讨，掌握不同主体对标准指标的需求观点，设计标准模块以及具体指标。

步骤 3　在标准模块及指标基础上，结合利益相关者需求的重要程度，对各个评价指标进行重要性排序，形成一个初步的指标权重排序。

步骤 4　收集标准工作范围内的相关数据，并进行数据分析，了解不同指标之间的相关性和影响。

步骤5　确保所有指标都在相同的量纲上,使用标准化或归一化方法,避免因为指标取值范围不同而导致权重失衡。

步骤6　选择一种合适的权重分配方法来确定最终的权重,比如专家打分法、层次分析法、主成分分析法等。

步骤7　对于最终得到的权重方案,进行敏感性分析,检验不同权重下评价结果的变化,确保权重的微小调整不会导致评价结果的巨大波动。

总之,职业教育教学标准中的权重设计是一个综合考量的过程,需要综合考虑教育教学的评价目标、利益相关者的意见、数据分析和合理的方法来确定最终的权重。当然,标准中的权重并非一成不变的,随着时间和情境的变化,可能需要检查调整,确保跟上时代发展和职业教育教学实际情况的变化。

④ 职业教育教学标准的计算方法设计。指标的计算设计决定了如何将收集到的教育教学数据进行量化来评价标准应用对象的性能或表现,是对职业教育教学特定领域的现实数据进行处理并获得结论的运算过程。可按照如下步骤进行具体指标的计算设计:

步骤1　首先要明确每个指标的定义,指标应该能够客观、准确地衡量职业教育教学的特定方面。确保每个指标与评价目标一致并具有可操作性。

步骤2　确定指标所使用的度量单位,确保数据的统一性和可比性。根据指标对象的不同,可能需要使用时间、百分比、得分、频率等不同的度量单位。

步骤3　设计指标数据的类型、标准、格式、变化频率及阈值等,确保数据的统一、及时和质量可靠。

步骤4　根据指标定义和数据要求,确定计算指标的具体公式。计算公式应该清晰、简单,并能反映指标的本质。

步骤5　对指标计算结果的敏感性进行分析。即使微小的数据变化也可能对评价结果产生影响,因此需要了解指标计算结果的稳定性。

指标计算设计的关键在于将抽象的评价目标转化为可量化的数据,从而能够进行客观、可靠的评价。因此,设计指标计算时应该结合领域知识、实际需求和可行性,确保评价结果具有实际意义。当然,也需要定期审查指标计算的设计,确保其与评价目标和实际需求保持一致,并在需要时进行更新。

⑤ 职业教育教学标准的描述设计。无论是哪一种职业教育教学标准,最

终呈现的都是标准的文本内容描述。职业院校要依据这些标准进行工作落实和教育教学的改革实施。因此,对标准进行描述设计,确保编写的标准能够被准确理解和落实是非常重要的。

从语言规范上,标准内容及指标的描述应该清晰简洁、准确规范,易于被理解。因此,要对语言表达提出要求。同时还要设计名称术语的命名规范,避免使用模糊的词汇或晦涩的术语。指标的文本描述具有解释性,没有歧义,具有较好的可读性和可理解性。

从内容描述上,指标的文本描述应包含了所有必要的信息,完整反映指标所衡量的内容。包括:

a. 定性表达的指标须充分表达出指标的内容衡量方式,即使不需要计算,也能够通过文字清晰地判断出指标的结果和结论。

b. 定量计算的指标要给出指标的权重说明、计算方式和度量单位,使得读者能够理解指标的含义和计算方式,以便进行准确的计算和比较。确保计算过程透明可理解。必要情况下使用图表和示例来展示指标的计算过程和实际应用,有助于读者更好地理解指标的意义和计算方式。

c. 应该明确指出数据来源和数据处理的方法,包括数据的采集方式和数据的获取频率。

d. 描述数据处理过程,例如数据清洗、数据归一化、数据平滑等,以确保数据的质量和可靠性,从而保证评价结果的有效性和可信度。

e. 设计的指标如果有阈值或目标值,应该明确指定这些值,并解释其背后的理由和依据。如果指标具有实时性和计算的频率要求,也要明确指标的更新周期和计算时间。

f. 考虑标准描述可能出现的错误和异常情况,设计合适的错误处理和异常处理机制,以确保描述的统一性和稳定性。

综上所述,指标描述是评价标准中至关重要的部分,它直接影响到评价结果的准确性和可信度。因此,在进行指标描述时,需要细致认真地考虑以上方面,确保评价标准能够达到其预期的目的并提供有用的信息。

(3) 职业教育教学标准的开发实施

职业教育教学标准的开发实施是将标准设计进行文本编写和呈现的过程。这个阶段是在标准分析和设计阶段完成后的工作,要严格落实标准设计中的逻辑结构设计、内容设计、权重设计、计算设计、描述设计等要求,并通过文档或表格形式将标准呈现出来。

标准开发人员按照标准开发任务进行集体研讨或分工协作，根据标准设计结果将标准的模块和指标内容编制出来。一个好的标准必定是优秀的标准开发团队集体智慧的结晶，在开发团队的严密论证、仔细推敲和集体讨论的基础上形成。除了完成标准设计要求的内容，特别要重视对标准语言文本的检验，确保标准文字表述精准到位。同时要进行标准描述的系统性对照，避免标准描述的内容欠缺或重复冗余，这也是实现高质量标准必须重视的环节。

(4) 职业教育教学标准的试用运行

在某一项标准开发出来之后，要先通过试用运行，根据试用运行中出现的问题及时修正标准内容或标准的实施方案，确保标准进一步完善开发。

试用运行可以用真实的业务，也可以用模拟的业务流程来对标准进行测试。试用运行需要选择试用范围和主体、设计实施工作程序、做好标准解读、开展标准应用、做好记录跟踪和反馈等过程。

试用范围的选择根据标准本身需要来确定样例范围。如教师相关标准的实施可以选择一个教学单位的教师或者几个专业的教师群体来作试用范围和主体。试用主体主要是标准面向的评价对象，评价对象的指标应用是标准实施的主要工作。同时，开展标准实施工作的管理主体也包含在实施工作中。标准实施者的试用反馈是非常重要的内容，有助于发现标准实施过程中的问题，并得出修正意见。标准实施的工作程序要根据需要进行设计，包含从标准指标解释和应用说明到指标数据收集和处理、标准结果计算及对结果进行审视的过程。标准的解读说明对实施来说是关键步骤，决定着参与实施的主体对标准的准确理解和有效数据的提供。标准应用过程也是对收集数据进行处理、计算、分析和支持决策的过程。在获得评价结果后要对数据的合理性进行分析，判定标准应用的有效性，并考虑如何将标准评价结果应用在实际业务工作的决策中，发挥出标准应用的价值。当然，标准应用是对标准制定的现实检验。在标准应用中可能会结合现实出现一些应用上的实际问题。对于应用过程中出现的模糊分歧、疏漏冗余等实际问题要及时进行记录跟踪和梳理总结。标准制定者根据试用运行的反馈结果重新审视指标缺陷，再次纳入标准分析、标准设计等环节，补充完善标准。因此，标准实施中的记录跟踪和反馈对于标准制定者掌握标准的真实运行情况非常重要，是下一步改进和完善标准，使之更加契合职业教育教学发展需要的关键。

(5) 公开征求意见和反馈。在标准开发完成后，还需要公开征求意见，获得广泛反馈。如通过召开标准听证会征求利益相关者意见,通过广泛渠道征求公众意见,邀请相关专家指导评审等。公开征求意见和反馈可以帮助制定者更科学地决策标准修改。另外,在全球化背景下,标准的国际对接也非常重要。标准开发需要关注国际标准的趋势和动向,参照国际标准制定本地化标准,以便获得更广泛的认可和应用。

在经过以上过程后,标准在经过修订和审核,最终发布和实施。标准的发布和实施过程中也应该有完善的管理制度和监督机制,以确保标准的有效实施和持续改进。

五、职业院校教师改革的标准制定

1. 职业教育教师改革需要标准

作为职业院校中的主体角色,教师承担起了职业院校的教育教学工作。对教师工作评判的核心是教师的素质能力。所有参与教育教学的教师既需要具有良好的职业素质,也需要有较高专业化的业务能力。教师素质和能力的高低往往决定了教育教学活动的实施效果和质量水平。因此,职业院校教师工作的改革创新应聚焦教师职业素质和能力的提升工作。如何判断教师素质和能力水平得到提升,评价判断的标准就是依据。因此,针对职业院校应设计科学的教师的职业素质和能力标准,并依据标准进行教师能力素质水平的评判。

为职业院校教师工作设定标准的目标主要包括:一是评判教师是否具备了职业教育教学的合格资质,可设定教师的准入标准;二是评判教师在专业能力和素质方面达到了怎样的水平程度,如在评优评奖、职称荣誉方面设定标准;三是评判职业院校教师团队的职业素质和能力水平。

鉴于围绕教师主体的素质属性和能力水平属性较为复杂,并且在不同的目标驱动下,会形成对教师素质和能力水平组合的不同需要。因此,围绕教师的标准应是由系列不同目标、不同阶段、不同内容的系列标准群构成,合力为教师改革工作提供发展依据或评判准绳。

2. 职业院校教师标准体系

职业院校教师标准体系可从教师的职业成长阶段考虑,可以从对教师素质能力的维度考虑,也可以从用作激励的角色称号方面考虑,还可以从团队角度考虑。

从教师的职业生涯发展看,教师在符合准入条件入职职业院校后,其专业素质和能力发展伴随培训学习和工作实践不断成长,经历从新手(或初级)到熟手或能手(中级)再到专家高手(高级)的阶段。职业院校可设定教师准入资格标准、新(初级)教师职业能力标准、熟手或能手(中级)教师职业能力标准、专家高手(高级)职业能力标准等。职业院校的职称评聘标准是当前职业院校教师最为关心的评价标准。

从教师主体的素质能力属性看,可以对教师的教学能力、实践能力、科研能力、数字素养等制定相应标准要求,也可以从师德师风、双师素质方面提出评价标准。

从教师角色及荣誉称号角度,可以设置学科或专业带头人、教研室负责人、课程负责人等角色标准,也可以设定教学名师、技能名师、科研名师、社会服务名师等单项或综合荣誉称号标准。

从教师构成角度看,可以包括专任教师标准、兼职教师标准,也可以对企业导师、产业教授等提出条件标准。

从团队角度看,可根据团队属性的不同设定团队标准,如教学团队标准、科研团队标准、社会服务团队标准等。

从教师的工作行为看,可以为教师的常规工作和创新发展型工作行为设定标准,如教师的课堂行为规范(标准)、教师培训进修标准、教师参与企业实践标准、社会服务工作标准等。对教师工作行为的标准或规范设定,应聚焦教师工作行为的过程性要求和结果性产出进行设计,以保障教师工作行为取得教育教学工作的满意实效。如图5-7所示。

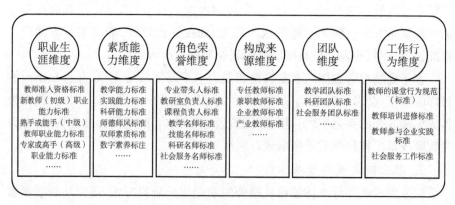

图5-7 职业院校教师标准体系

以上角度考虑的所有标准并非完全相互独立,一些标准之间存在交叉,如对教师教学能力、双师素质的标准制定中,可以包含对初级、中级和高级甚至更多层级的标准设计。为避免标准制度建设工作的重复、冗余甚至泛滥,影响教师改革评价工作的效率效果。职业院校在设计教师标准体系时应进行系统谋划,进行一体化设计,使标准之间形成互相补充、互相协同、共同促进教师发展的目标效益。

3. 教师标准制定示例——高职院校教师职业能力分级标准的制定

高职院校教师分级职业能力标准制定的目标:能够科学划分高职院校教师职业能力等级,并为每一个等级设定准确有效的标准内容,确保标准的实施运行能够为教师职业能力发展发挥好指挥棒作用。

高职院校教师分级职业能力标准制定的思路:立足高职院校教师的业务需求,围绕高职院校教师应具备的能力和素质的要求进行制定。制定标准时要科学划分职业能力级别,明确对应各级标准的教师知识、能力和素质要求。各级标准体现层次性,对教师职业能力要求的标准水平不断提高,实现层间递进逻辑。

制定高职院校教师职业能力标准时应注意以下要点:

① 围绕高职院校教师的知识能力要素进行设定标准。

② 在教师应该具有的知识能力标准中应同时考虑学科知识技能和职业教育教学知识技能。

③ 强调教师应该具有的专业建设、课程建设和教学实施等业务能力。

④ 应包含从教育要素到产业要素的知识能力结构。

⑤ 应包含从教学实践到教学研究工作内容。

⑥ 应注意结合数字技术时代特征强化技术在职业教育教学中的应用能力。

⑦ 因地制宜,结合区域经济特点和学校办学需求特点对学校教师素质能力标准的分级和内容构成进行特色化制定。

高职院校教师分级职业能力标准制定的工作程序:在调研高职院校教师职业能力标准需求的基础上,按照 ADIOE 开发方法,分析教师职业能力构成,设计标准的分级框架和构成要素,编写实现具体标准内容,通过工作实践检验标准的运行情况,看是否能够获得教师和学校的认可,并能够激发教师职业工作的积极性,在运行中发现出现的问题偏差,对标准再进行反馈修正。

一所高职院校教师职业能力标准示例：

第一条　职业资格标准：职业院校教师应满足《教师法》规定的法律和职业行为遵守，满足学历要求，在普通话、身心素质、公民身份等方面满足资格条件，并经过岗前培训获得教师职业资格证书。

第二条　通用能力素养：热爱职业教育事业，弘扬劳模精神、劳动精神，关爱学生；掌握职业教育规律和技术技能人才成长规律，具有先进的育人理念和方法；具有企业实践经历和专业实践应用能力；掌握现代信息技术工具和教学技术学习能力；伴随产业发展不断提升自身专业能力，并将产业企业资源转化为教育教学资源的能力。

第三条　在满足前两条标准的基础上，还应具备以下专业化条件：

初级职业能力

① 知识技能要求：掌握较扎实的学科专业知识和职业教育教学知识，熟悉本专业课程体系和知识技能体系，了解国内外本专业发展现状和趋势，熟练掌握所教课程的课程标准、教学原理，具有良好的职业教育教学理念，在职业教育课程建设、课堂教学和实习实践教学方面形成一定经验。

② 数字技能与素养要求：具备一定的数字技能与素养，能够较好地运用数字技术与数字平台及数字化工具开展教学工作。

③ 教学改革研究与成果要求：具有一定的职业教育教学改革研究能力，具有一定的教材编写、论文著作等成果总结和发表能力。

④ 产业企业经历要求：具有产业企业相关工作经历和实践经验，了解本专业工作过程或技术流程，具有一定的产教融合理念，能够与相关企业合作开展教育教学、科技研发和成果转化等工作。

中级职业能力

① 知识技能要求：具有扎实的学科理论基础、专业知识和精湛的操作技能，了解本专业国内外发展现状和趋势，掌握先进的职业教育教学理念和教学方法，教育教学业绩显著，形成一定的教学特色和可供借鉴的教学经验。

② 数字技能与素养要求：具备较好的数字技能与素养，熟练运用数字技术平台、人工智能、大数据工具等开展教学实施与管理工作。

③ 教学改革研究与成果要求：具有较强的带头指导与开展职业教育教学改革研究的能力，在教育思想、专业建设、课程改革、实践教学改革和教学方法等方面成果突出。

④ 产业企业经历要求：具有丰富的产业企业工作经历和实践经验，具有较强的产教融合理念，能够整合产业行业等资源推动职业教育教学改革、人才培养和成果建设，在服务产业升级和发展方面贡献突出。

高级职业能力

① 知识技能要求：深入系统地掌握本专业理论与实践知识，掌握国内外本专业发展现状和趋势，具有丰富的专业实践经验和精湛的操作技能，具有系统的职业教育教学理论、理念认知和方法体系，能够基于先进的教育教学方法进行教学改革和实践改革工作。

② 数字技能与素养要求：具备较高的数字技能与素养，充分利用互联网络、人工智能和大数据技术等推进职业教育教学数字化改革和资源建设等工作。

③ 团队贡献要求：能够在教育教学团队中发挥关键作用，带领团队实施专业建设、课程教学和教学改革等工作，发挥示范引领作用，在指导和培养其他教师方面作出突出贡献。

④ 教学改革研究要求：具有突出的教学研究能力，主持过重要教育教学改革项目或科研项目等，具有推动专业建设改革和人才培养模式创新的能力，具有高水平研究成果的总结和发表能力，在教育思想、专业建设、课程改革、实践教学改革、教学方法等方面取得显著成果，教学业绩突出，教学特色鲜明，形成可供推广和借鉴的教学经验或模式。

⑤ 产业企业经历要求：具有丰富的产业企业工作经历或实践经验，熟练掌握本专业工作过程或技术流程。产教融合理念先进，能够有效整合产业、行业、企业及学校资源推进产教融合校企合作效能，同时推进产业与职业教育的深度改革与协同发展，校企合作方面成果突出、效益重大。

各学校在实际制定时,在初级、中级、高级职业技能等级设置的基础上也可以参照国家对技工等级的设置进行适当增加或调整等级。比如可根据需要,制定包含由新手教师、初级教师、中级教师、高级教师、特级教师、领军名师等构成的等级(岗位)序列。

有的学校将职称评定标准作为教师分级职业能力标准要求,包括初级、中级、高级职称层级条件。因为职称往往与教师绩效挂钩,因此,职业院校的职称评聘竞争往往比较激烈,也是职业院校教师最为关心的一类标准。但从本质来讲,职业院校教师的职业能力标准聚焦的是教师在从事职业教育教学活动中应具有的知识、能力和素质水平,在不同岗位、不同阶段应具有不同的发展性要求,是教师开展相应工作的基本条件,也是教师能力进阶发展的目标条件。而职称评聘标准聚焦的是教师教育教学取得的工作业绩。学校根据办学发展需要,对达到一定业绩水平的教师进行专业技术职务的考核和聘用。两类标准应具有不同的目标和内容。

4. 教师标准制定示例——高职院校"双师"型教师能力标准制定

和职业能力标准相比,高职院校的"双师"型教师能力标准强调同时具备教学能力和实践能力,强调教师实践动手能力水平。各学校可根据办学需要设定相应资质及成果范围,并对同时具备条件提出要求。

一所高职院校"双师"型教师能力标准示例:

初级"双师"型教师能力:应同时具备一定的高职教育教学能力和业务实践能力,包含以上职业能力标准中对应初级职业能力中的教育教学和业务实践能力表达。初级"双师"型教师能力还应重点强调教师在真实业务中的实践操作能力,包括熟悉本专业面向的职业岗位工作业务,掌握所授课程对应职业岗位的工作过程,能够应对岗位工作要求完成具体业务操作,在实习实训教学、设备改造、技术革新、成果转化等校企合作方面取得一定的成果,取得一定的经济效益和社会效益。

初级"双师"型教师的代表性资格资质及成果标准:具有从事高职教育教学的教师资格证,通过教育教学相关的培训考核,参与职业教育课程建设、教材建设及教学改革项目;在产业企业工作不少于6个月;获得相关的国家职业技能等级证书或职业资格证书,或具有本专业或相近专业非教师系列初级及以上职务（职称），或具有相应的能力水平。发表或获得相应的教学与科研成果。

中级"双师"型教师能力：应同时具备较高的高职教育教学能力和业务实践能力，包含以上职业能力标准中对应中级职业能力中的教育教学和业务实践能力表达。中级"双师"型教师能力还应重点强调教师具备较好的职业岗位能力，熟悉本专业工作过程或技术流程，在设备改造、技术革新、成果转化方面取得较为突出的成果，产生显著经济效益和社会效益；在具有较好的区域内产业行业影响力。

中级"双师"型教师的代表性资格资质及成果标准：主持职业教育课程建设、教材建设及教学改革项目；承担产业企业科技创新和技术成果转化等工作成绩突出；获得相关的国家职业技能等级中级及以上证书或职业资格中级及以上证书，或具有本专业或相近专业非教师系列中级及以上职务（职称），或具有相应的能力水平；发表出版有较大影响力的论文、著作或教材等成果；作为主要参与者获得技能竞赛类、教学成果类、科技发明类等代表本领域较高水平的奖项或指导学生获得地市级及以上技能竞赛类、教学成果类、科技发明类等奖励。

高级"双师"型教师能力：应同时具备合格的高职教育教学能力和业务实践能力，包含以上职业能力标准中对应高级职业能力中的教育教学和业务实践能力表达。高级"双师"型教师还应重点突出教师高超的技术技能水平和服务产业企业改造发展的卓越能力，在实习实训教学、设备改造、技术革新、成果转化等校企合作方面取得突出成果，取得重大经济效益和社会效益；在国内具有较好的产业行业影响力。

高级"双师"型教师的代表性资格资质及成果标准：主持职业教育省级或国家精品课程建设、教学研究及改革类项目，主编获得省级或国家规划教材，发表、出版的有重要影响的学术论文、教学研究成果、著作等代表性成果；主持过重要教育教学改革项目、教学研究项目或科研项目；担任地市级以上专业带头人、教学名师、教学创新团队带头人、技艺技能传承创新平台负责人等；获得相关的国家职业资格高级证书或职业技能等级高级证书，或具有本专业或相近专业非教师系列高级职务(职称),或具有相应的能力水平。作为主要参与者获得技能竞赛类、教学成果类、科技发明类等代表本领域先进水平的奖项;或指导学生获得省级及以上技能竞赛类、教学成果类、科技发明类等奖励。

5. 其他教师类标准制定要点
(1) 职业院校专任教师准入标准的制定要点

职业院校专任教师的准入条件应在满足法律规定的基础上,进一步突出教师对职业教育的认识理解和责任使命,突出教师对职业教育教学规律的把握和专业实践能力与经历经验。对来自企事业单位的技术技能人员、大师巧匠等应聘专任教师时应降低学历要求。

一所职业院校专任教师准入标准要点示例:

① 满足《中华人民共和国职业教育法》《中华人民共和国教师法》和《教师资格条例》中对教师资格获取(包含身份、学历、资格考试合格、体格、道德品行等)的规定。

② 了解国家职业教育发展,热爱职业教育事业,积极承担为国家培养高素质劳动者、技术技能人才的责任使命。

③ 熟悉职业教育类型特征,对职业教育教学具有完整的认知,掌握教育教学和人才培养规律。

④ 满足应聘岗位所需的专业能力与素质要求。

⑤ 专业课教师(含实习指导教师)应当具有一定年限的产业行业工作经历或者实践经验,达到相应的技术技能水平。

⑥ 企业、事业单位经营管理和专业技术人员,以及其他有专业知识或者特殊技能的人员,具备职业院校教师资格条件,且经教育教学能力培训合格的,可以担任职业学校的专职专业课教师,并可以视情况降低学历要求;技能大师、劳动模范、能工巧匠、非物质文化遗产代表性传承人等高技能人才可在满足职业院校教师资格条件下担任专职教师,视情况降低学历要求。

(2) 职业院校专业带头人标准

职业院校专业带头人负责带领专业教师团队实施专业建设发展、专业教学改革和人才培养模式创新等工作,具体工作业务的需求和质量要求决定了对其在师德素质、职业教育认知、专业知识能力、产教融合能力、教科研能力和组织管理能力等方面设定标准。

> **一所高职院校专业带头人标准要点示例:**
>
> ① 具有良好的师德师风素质,热爱职业教育事业,有强烈的责任心和奉献精神,思路清晰、视野开阔,学习能力强,具有改革创新意识和开拓性精神。
>
> ② 熟悉国家职业教育法规政策和标准规范,了解国内外职业教育发展和改革动态,掌握职业教育教学特点与规律,具有较强的职业教育改革思维和先进的教育教学理念。
>
> ③ 具有扎实的专业知识和能力素养,理论和实践教学能力强,掌握职业教育专业建设和教育教学改革方法,对职业教育和产业发展具有较强的洞察力和领悟力。
>
> ④ 具有较强的产教融合理念,善于整合产业行业合作资源,推进校企合作,共同推进专业建设、教学条件改善、教学资源开发、教学改革和人才培养模式创新工作,人才培养成效显著,服务产业贡献突出。
>
> ⑤ 具有较高的教学水平和较强的科研能力,在教学研究改革和专业建设等方面取得显著成绩,在论文或著作发表、教材编写、课程建设、教学能力比赛、技能大赛参与或学生技能大赛指导、课堂教学改革、教改项目申报等方面成绩显著,获得高水平标志性成果。
>
> ⑥ 善于团结协作,具有较强的组织管理能力和团队领导水平。
>
> ⑦ 满足学校要求的职称、学历、工作年限和企业经历条件及身体条件。
>
> ⑧ 其他需要的资格条件。

(3) 职业院校兼职教师遴选标准

企业兼职教师是职业院校师资队伍重要的组成部分。兼职教师具备的企业背景经历和真实职业岗位的经验往往比学校专职教师在实践教学方面更具优势,承担起职业院校教育教学和人才培养任务。为确保兼职教师教学质量,除了加强培训和管理外,也应对企业兼职教师设定遴选标准。

> **一所职业院校兼职教师遴选标准示例:**
> ① 具有丰富的行业企业经历和职业岗位实践经验,具有良好的行业影响力,在本职业岗位的技术技能领域取得突出的成果和成绩。
> ② 热爱职业教育事业,具有教育情怀,理解职业教育类型特征,熟悉职业教育教学理念和方法,掌握高素质劳动者、技术技能人才成长规律。
> ③ 具有良好的产教融合、校企合作意识,能够及时将产业企业最新技术、规范和模式等发展转化为教学内容,将职业岗位能力标准和工作任务迁移到教育教学和人才培养过程中。
> ④ 满足学校要求的职称、学历、工作年限和企业经历条件及身体条件。
> ⑤ 其他需要的资格条件。

六、职业院校教材改革的标准制定

1. 职业院校教材改革需要标准

教材是教育教学实施的主要载体,决定了面向学生对象"教什么"的问题,承载着知识、技能、素质培养以及价值传递的功能,具有职业和教育的跨界属性,对培养高素质的劳动者以及技术技能人才具有决定性的影响。然而职业教育教材存在的知识落后、职业性不足、实践性不强、学科化严重等问题普遍存在,甚至在近些年的一些教材成果中也没有显著改善。究其原因,既有对职业教育教材先进开发理念的欠缺,也有开发方法掌握得不足,更有开发与评价的标准不够系统科学等原因。教材改革要取得成功,标准理应扮演至关重要的角色。

职业教育教材改革标准的工作目标应主要包括:一,为教材开发设定标准,能够正确引导职业教育教材的开发,提升教材建设质量;二,设定教材选用相关标准,评判可选的教材是否能够满足职业教育教学的应用;三,可设定教材成果评优标准,评判教材在教学应用方面达到了怎样的水准,取得了哪些突出的成效。

2. 职业教育教材标准体系

职业教育教材要能够准确地反映产业企业职业岗位标准需要的内容,传递相关知识技能。同时,又要能够发挥好育人载体功能,实现对学生素质提升和正确价值观的塑造。职业教育教材具有职业性、实践性、价值性、动态性以及跨界属性。教材的内容选取和组织、教材开发主体构成和内容动态更新甚至媒体呈现等方面都应具有显著的类型特征。

从工作环节角度,教材有开发、选用和评优等工作环节,应对应工作需要设定不同的质量标准。从教材的呈现形式来看,除了传统的纸质教材,活页式、手册式、融媒体以及数字教材正在成为职业教育教材中的新形态和发展趋势,新形态教材如何建设、如何使用需要一定的规范依据。从教材的内容组织角度看,有传统的学科化教材,也有更适合职业教育课程行动导向的项目化教材、案例式教材等,有关指导依据也应建立。从对应课程类型的角度看,职业教育教材包括公共基础课程教材和专业课程教材,分别面向学生通用素质能力培养和专业素质能力培养。公共基础课程教材也应具有显著的职教类型特征,具有较好的职业性和实践性,服务于高素质技术技能人才的培养。从开发主体看,职业教育教材有学校主体开发、校企合作主体开发以及企业主体开发等类型。职业院校可以根据教材建设、评选等工作的目的需要设置不同的标准规范。因此,可以将职业教育教材的标准体系框架进行如下设定(如图5-8)。

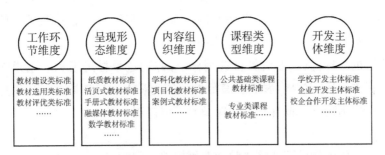

图5-8 职业院校教材标准体系

本研究从系统论角度基于不同维度提出教材相关各种标准,旨在探索职业教育教材的质量要素研究和规范,能够更好地补充进职业院校对教材的选用、建设和评价等标准体系中,促进职业院校教材的质量水平。此处的职业院校教材标准体系主要是从要素维度上进行的质量考虑,并非所有标准都需要独立开发。事实上,不同维度的标准之间存在交叉复合,职业院校应根据现实工作的需要进行归类合并。如可以在教材建设标准中对教材的呈现形态、内容组织、开发主体等进行要求规范。职业院校为推进项目化教材建设质量，也可以制定相应标准，对教材编写的理念、内容的组织、开发主体等进行规范。

3. 教材标准示例——职业院校教材选用标准

教材选用是职业院校教材工作的关键环节，选用怎样的教材影响着学校课堂教学的质量和人才培养的效果。

职业院校教材选用标准制定的目标：为职业院校教师选用教材提供标准依据，为职业院校加强教材选用管理提供规范要求。能够推动学校选用契合产业发展和职业岗位能力标准需要的教材，符合职业教育教学规律，体现出对职业教育教材特征和典型需求的把握，满足高素质劳动者和技术技能型人才培养需要。

职业院校教材选用标准制定的思路：服务于人才培养定位，明确教材内容与职业能力培养的匹配要求。立足职业院校教材的功能价值，明确教材应具有的典型特征和内容。立足教师的教和学生的学两侧需求，明确教材应该具有的应用特征。综合考虑教材的职业特征、价值特征和应用特征等制定选用标准。

职业院校教材选用标准制定的工作程序：首先面向职业院校教师和学生调研教材选用需求。然后对选用需求进行分析梳理，划定师生在教材选用方面集中关心的指标维度。结合职业院校教材选用管理办法和调研分析确立在意识形态、内容特征、适用程度、编排形式以及价格方面的指标维度。描述各维度下的指标内容，形成教材选用标准，并通过教材选用和应用跟踪来检验选用标准的运行效果，看能否满足教学使用和人才培养需要。如果选用标准在运行中出现问题或存在不足应及时反思修正。

一所典型的职业院校教材选用标准示例：

（一）内容科学先进、针对性强，选文篇目内容积极向上、导向正确，选文作者历史评价正面，有良好的社会形象。公共基础课程教材要体现学科特点，突出职业教育特色。专业课程教材要充分反映产业发展最新进展，对接科技发展趋势和市场需求，及时吸收比较成熟的新技术、新工艺、新规范等。

（二）符合技术技能人才成长规律和学生认知特点,对接国际先进职业教育理念,适应人才培养模式创新和优化课程体系的需要,专业课程教材突出理论和实践相统一,强调实践性。适应项目学习、案例学习、模块化学习等不同学习方式要求,注重以真实生产项目、典型工作任务、案例等为载体组织教学单元。

（三）编排科学合理、梯度明晰,图、文、表并茂,生动活泼,形式新颖。名称、名词、术语等符合国家有关技术质量标准和规范。

（四）倡导选用活页式、工作手册式、融媒体等新形态教材。

（五）专业课程教材尽量选用近3年内出版的教材,选用的教材应尽量包含动态更新的数字媒体资源。

（六）选用符合国家法律、行政法规的教材,教材内容不得有民族、地域、性别、职业、年龄歧视等内容,不得有商业广告或变相商业广告。

（七）采用同一课程标准的课程,应选用同一版本的教材,一门课程原则上只选用一种教材。

（八）教材选用结合课程课时需要,选用篇幅体量相当的材料,应尽量避免高价教材。

4. 教材标准示例——职业院校专业课程教材开发标准

职业院校专业课程教材开发标准制定的目标:能够科学地反映职业院校专业类课程的教材属性,覆盖对教材的价值定位、内容组织和形式化呈现等要求,确保标准的实施运行能够为教材建设和选用等发挥好指挥棒作用。

职业院校专业课程教材开发标准制定的思路:立足课程所服务的职业能力标准和职业院校课程标准,落实立德树人根本任务,实现教材育人价值。聚焦职业院校学生专业能力和专业素质的培养,注重校企合作开发,注重从产业企业和生产服务一线的真实业务中选取教材内容,注重以工作项目和任务形式组织教材内容,注重与数字技术结合呈现职业场景操作或复杂知识原理性内容,契合产业发展需求及时动态更新教材内容。

职业院校专业课程教材开发标准制定的工作程序:在调研职业院校专业课程所需的教材需求基础上,按照ADIOE开发方法,分析职业院校专业课程教材开发需求,设计专业课程教材开发标准的内容维度,编写具化各个维度下的指标描述,形成引导教材开发的标准体系。在教材开发完成后,通过工作实践检验开发标准的运行效果,跟踪教材的应用体验和育人成效,看能否有效地推动职业院校人才培养质量提升,能否有效地推进职业院校教师开展好教学实施和教学改革。若开发标准在运行中发现问题应及时反思修正。

专业课程教材开发标准应从编写理念、编写依据、编写体例、编写内容、编写形态、编写团队等方面进行规范,并设计相应二级指标及具体要求(如表5-4)。

表5-4 一所职业院校专业课程教材开发标准

一级指标	二级指标	指标描述
编写理念	思想性	坚持落实立德树人根本任务,体现课程思政育人目标,实现教材育人价值
	适用性	立足职业教育类型特征,遵循职业院校技术技能人才成长规律,遵循教育教学规律和职业教育教材本质特征;突出职业教育教材的职业性、实践性和学习者为中心的"行动导向"性;坚持以学生为中心、理实一体、"做中学、做中教"契合职业院校课堂教学需要
	科学性	坚持职业教育教材内容动态更新,及时反映产业与岗位最新发展;坚持产教融合、校企合作开发,引入真实工作项目任务,开发真正适应职业岗位的教材内容;坚持数字技术驱动,完善教材呈现形态和内容更新模式
编写依据	标准落实	依据职业岗位能力标准、专业人才培养目标以及课程教学标准编写教材
编写体例	整体组织	教材整体组织满足教学能力目标要求,确立知识能力单元(模块),基于单元(模块)进行知识技能内容的编排;以真实生产项目、典型工作任务、现实案例等为载体,组织教材编写框架
	版面要素	版面布局清晰,文字段落易读,图文并茂,交互式媒体要素(如二维码)设计合理、链接无误;合理配置学习思考、测试、操作训练、参考资料等交互性元素,便于学生参与教学活动和学习练习
	线上结合	具有技术先进、动态更新、支撑有效的线上数字化资源,适应在线学习和混合式学习需要

续表

一级指标	二级指标	指标描述
教材内容	理实结合	瞄准人才培养目标和课程教学要求,以职业能力为本位,设计理论知识与实践内容,在体现学科或专业知识的同时,融合行业企业场景,选用职业岗位中的典型工作任务与实例,确定教材内容
	内容来源	深度对接行业企业和职业岗位,将真实工作过程中的项目、任务、案例等有机融入教材内容,确保内容科学、针对性强
	新要素引入	及时将反映产业发展的新技术、新工艺、新规范、新模式等要素融入教材内容,体现内容先进性,适应职业岗位人才发展需要
教材形态	纸质教材	装帧设计形式新颖,图文并茂,可读性好,提倡采用新型活页式、工作手册式形态来适应职业教育课堂教学需要
	融媒体教材	适用多种主流学习介质和终端设备,文本、视音频、动画、软件等资源呈现更加多样有效,纸质载体和数字化载体搭配科学、衔接合理,便于学生借助多种媒体形式进行学习
	数字化教材	根据教材内容特点,综合运用文本、图像、动画、音视频、超链接、AI/VR等多种数字技术与工具呈现教材内容和配套资源,充分利用知识点气泡、微课资源、标记注释、习题测试、实训软件、交流工具等立体化、交互性形式生动直观地呈现教材内容和使用方式;技术先进合理,安全可靠,易于应用
编写团队	政治和业务素质	团队成员思想政治立场坚定,拥护中国共产党的领导,认同中国特色社会主义,坚定"四个自信",自觉践行社会主义核心价值观,具有正确的世界观、人生观、价值观,坚持正确的国家观、民族观、历史观、文化观、宗教观,没有违背党的理论和路线方针政策的言行,无师德师风问题;熟悉职业教育教学规律和学生身心发展特点,对本学科专业有比较深入的研究,熟悉行业企业发展与用人要求,有丰富的教学、教科研或企业工作经验
	构成主体	产教融合、校企共建双元开发团队,包含学科领域专家、教科研人员、一线教师、行业企业技术人员和能工巧匠等;行业企业参编人员须为行业企业技术人员,并实质性参与教材建设工作
	第一主编	第一主编应具有丰富的职业教育教学经验、较高的学术造诣或较强的技术水平,具有行业或企业实践经历

5. 教材标准示例——职业院校专业课程新形态教材开发标准

（1）一个职业院校专业课程数字教材开发标准示例

在上述职业教育专业课程教材建设标准的基础上,对数字化教材指标描述上细化,从教材内容的呈现、动态更新支持、互动设计、学习管理功能和技术平台五个方面进一步明确要求(如表5-5)。

表5-5 一个专业课程数字教材开发标准

	指标	指标描述
数字化教材建设指标之教材形态部分	内容呈现	综合运用文本、图像、动画、音视频、超链接、AI/VR等多种数字技术与工具呈现教材内容和配套资源,提高教材的立体化呈现效果和阅读便利
	动态更新	具有支持教材内容的动态更新功能,能够及时反映产业行业和职业岗位最新发展要素
	互动设计	合理设计数字化教材的互动功能,运用知识点气泡、微课资源、标记注释、习题测试、实训软件、交流工具等互动方式提高教材的导学性,强化学生为中心的学习过程参与
	学习管理功能	能够支持学生登录、阅读、开展学习活动,跟踪记录用户的教材使用过程和学习参与,对学习效果进行评价和自主学习的个性化推荐
	教材技术平台	具有技术先进、可靠稳定、安全友好的教材数字化平台,支持移动设备应用

(2)一所职业院校专业课程活页式教材开发标准示例

在上述职业教育专业课程教材建设标准的基础上,对活页式教材指标描述上细化,从教材装订方式、动态更新、学习互动和数字技术支持等四个方面进一步明确要求(如表5-6)。

表5-6 一个专业课程活页式教材开发标准

	指标	指标描述
活页式教材建设指标之教材形态部分	装订方式	以活页形式装订,基于职业能力和工作任务组织教材内容,形成相对独立的单元模块,教材便于拆卸和插入新页
	动态更新	及时将反映产业发展的新技术、新工艺、新规范、新模式等典型内容以活页形式插入教材
	学习互动	教材可设计留白活页,为教师和学生做教学笔记、补充新知识以及创造性学习思考等提供空间
	数字技术支持	适应数字时代学习需要,通过二维码或超链接等形式补充多样性、立体化多媒体学习资源

七、职业院校教法改革的标准制定

1. 职业院校教法改革需要标准

教学方法是教学实施中至关重要的要素,决定着教师如何组织和讲授教学内容,是否能够高效地激发学生兴趣,能否取得预想的教学目标效果。"教学有法""贵在得法"。与此同时,在教学实践中也讲究"教无定法"。同样的课程由不同的教师讲授即使运用完全不同的方法,也可以取得相同的教学效果。所以,对于教学的"方法"这个如何去教的概念很难作出统一的规定。但"教无定法"并不意味着教法改革不需要标准。职业院校教师的教学应通过教学方法或教学模式的实施来体现出职业教育教学的规律,达成教学质量目标和水平效果。因此,选用适当的教学方法、科学开展好教学方法并确保教学方法发挥出价值效力是非常重要的。而对教学方法的选择、开展和效力评价应该建立起科学规范、适用高效的标准要求。

职业院校教学方法设定标准的目标主要是:引导教师设计和选择适应所授课程的教学方法,做好科学的教学设计工作;推动教师落实教学方法的应用实施,确保教学目标达成的效率效益;促进教师对教学方法实施的效果反思,不断推进课堂教学改革,提升教学质量。

2. 职业教育教法标准体系

职业教育课堂教学方法的改革要有正确的类型教育的导向,也要确保通过规范要求的实施推动教育教学质量目标的实现。

教学方法本身为行为要素,不像教师、教材等具有显著的主体属性。但教学方法在教学中的实施一般要受到课程教学内容和目标、教师教学理念和个体风格、教和学的互动程度及程序步骤、教学实施的场景、依托的工具设备或技术平台等要素影响。教学方法的分类和表达也是样态繁多,不胜枚举。且在真实的课堂教学实施过程中,多种方法的交叉应用为普遍常态,教师可以在一次课堂教学中同时使用讲授法、多媒体教学法、操作演示法、体验学习法、小组学习法、成果导向法等,将充分传递教学内容的方式方法结合起来,获得教学效果。

根据对30多所职业院校教师的调查显示,教师对选择合适的教学方法、高效地应用教学方法和评价方法效果等方面感到迷茫。职业院校教法标准的体系框架可从工作环节、实施维度和教学模式方面去构建(如图5-9)。职业院校可以从教师的需求角度去设定教学方法的选用标准、实施标准和评价标准。教学方法实施维度多样,从行为、形态、组织、工具平台等维度各有相应教学方法。教学单位或教师团队可以考虑匹配相应教学方法提出标准规范,来确保教学方法实施的适用性、规范性和效果质量。另外,作为对教学方法和相关教学要素的集成封装和稳定形态的体现,教学模式列入教学方法论范畴。理实一体化教学模式、翻转课堂教学模式、行动导向教学模式和线上线下混合教学模式为职业教育中最常用的教学模式,通常出现在推进教学改革相关的政策文件中及课堂教学质量、教学能力比赛等的评价指标中,但具体的标准或规范研究较为欠缺,因此无论对课程还是课堂教学实施的水平衡量还是精准指导都是远远不够的。

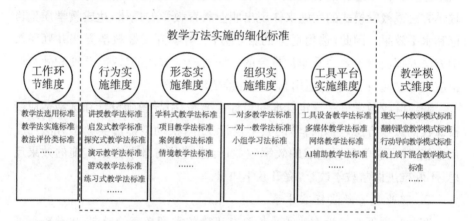

图 5-9 职业院校教法标准体系

本研究从系统论视角提出各种教法标准,主要意图在于能够推动相关主体对职业教育教学的方法要素作出研究规范,能够更好地补充进教学实施和评价的标准体系中,支持教学实施、课程建设以及人才培养的质量水平。但也并非要求职业教育主管部门和职业院校一定要制定发布所有细节标准,也要避免标准泛滥。

3. 教法标准制定示例——职业院校专业课程教法选用标准

在职业教育专业课程建设、教师教学能力比赛等评价标准中,往往包含对教学方法和模式的指标模块,主要描述为对启发式、探究式等教学方法以及对理实一体化、线上线下混合等教学模式的采用要求,反映的就是对课程教学方法和教学模式的选择和应用。但此类描述往往过于笼统,对教师如何选用这些教学方法和模式,能否取得理想的教学效果方面没有具体的要求,也导致教师在实施这些教学方法/模式时没有具体可参照的标准。事实上,教学方法的选用是推动教学实施和达成教学效果的核心动力，应在教学设计中作出相对完整和准确的描述规定。职业教育中的教学方法既要适应职业教育教学特点，又要符合课程教学需要，满足教师的教和学生的学，并达成课程教学和人才培养设定的目标。

职业院校专业课程教法选用标准制定的目标：为真正推进教师对职业教育专业课程教学方法的深刻认知，提高教学方法与模式选用的能力和水平，应在考核及指导教师进行教学设计的相关文件和标准中增加对教学方法与模式的选用规定或指标模块。职业院校也可对教师选用教学方法提出单独的标准规范。

职业院校专业课程教法选用标准制定的思路：立足职业教育专业课程教学的类型化需要，围绕教学方法的应用特征和过程，从教师最为关心的四个维度考虑教法的选用：是不是适合本课程的教学方法？是否可以高效地推进职业教育课堂教学的过程，实现以学生为中心的教育教学？是否能够借助关键的技术动力实现加强方法的实施效能？是否可以有效地实现教学目标和提高学生的能力水平与获得感，是否符合师生的心理和个性需要。即可从教学方法的适应性、行动性、技术性、功效性以及人本性等方面考虑专业课程教学方法的选择。

职业教育专业课程教法选用标准制定的工作程序：按照 ADIOE 开发方法，调研职业院校专业课程教学方法的选用需求和目标期待，进行梳理归纳后，分析确定满足教学方法指标维度，结合职业教育专业课程需求特点对教学方法选用的指标进行设计和文本描述，形成教学方法选用指标体系，再在教学活动中试运行，通过运行发现问题偏差，再对标准进行反馈修正。

职业教育专业课程教法的选用应从方法的适应性、行动性、技术性、功效性、人本性维度进行考虑，并设计具体指标要求（如表 5-7）。

表 5-7 一个专业课程教法选用标准

指标	指标描述
教学方法的适应性	所选用的教学方法应适应职业教育教学规律，适应教学内容需要，适应学生学情特点和学习规律
教学方法的行动性	所选用的教学方法应体现以学生为中心，强化学生与教师、学生与学生之间的教学互动，让学生通过学习活动和动手实践的行动过程建构知识，形成能力和素质

续表

指标	指标描述
教学方法的技术性	所选用的教学方法应能充分结合好教学所用的设备仪器、工具道具以及资料软件等软硬件要素,借助数字技术、场景情境、网络平台等技术媒介和平台环境,提高知识技能等信息的呈现、传递和教学互动效率,提升课堂教学质量和效果
教学方法的功效性	所选用的教学方法能够高效率地实现课程教学目标和落实教学任务,更好地提升学生的学习兴趣和课堂参与度,学生的知识掌握水平与解决问题的实践能力都得到显著提高,形成一定的教学成果,提升学生和教师的获得感
教学方法的人本性	满足教师与学生的教学心理需要,符合教师和学生的认知水平及个性特征,在教学实施中深受师生欢迎,操作程序友好,易于实施

教学方法的选用是教师在课前的教学设计环节必须解决的工作,因此,为教师选用教学方法提出标准建议具有非常重要的意义。但同时,教学方法的实施和评价也与选用评价具有类似的维度和内容特征。职业院校可根据需要调整补充和细化制定相应标准。

4. 教法标准制定示例——项目教学法实施标准制定要点

项目教学法是一种行动教学法,因具有较强的职业教育课程适应性和效能优势,被广泛应用在职业院校专业课程教学中。但不可否认,也有一些教师在实施项目教学法时存在误区,如把章节式学科内容认定为项目教学内容,将任务操作手册错认为项目。一些教师所实施的项目教学法实际上是对学科内容或者项目任务的讲解示范,与传统教学方法差异不大,并非真正的项目教学。因此,为确保项目教学法的真正效能发挥,职业院校有必要对项目教学法的实施要素、实施程序或步骤以及组织管理等工作进行规范或设定标准要求。

项目教学法实施规范(或标准要求)应从内容载体、项目实施目标、项目来源、实施主体、实施过程、实施组织、教学成果、学生收获等方面进行规范描述,如表5-8所示。

表 5-8 一个项目教学法实施标准

指标	指标描述
内容载体	教学内容以项目为载体,以项目及任务结构进行教学内容组织
项目教学实施目标	以培养学生综合职业能力(素质)来解决现实社会发生的问题为目标
教学项目来源	所选用的项目来源于真实的生产、服务一线,能够较好地集成生产性或服务性职业岗位的实践工作要素,为真实或模拟的生产性或服务性实践项目
项目教学实施主体	扭转教师主讲、学生听讲的教学关系,教学实施过程以学生为中心,学生的行动主导教学实施的过程,教师主要扮演指导者、监督者、评价者的角色
项目教学实施过程	按照资讯、计划、决策、组织、实施、评价六个步骤组织实施教学项目,一步接一步地推进项目任务实施
项目教学实施组织	学生小组共同开展学习和项目任务实施,小组成员具有合理分工,能够有效沟通、有序协作,合力完成项目实施的六个步骤,实现项目任务,取得项目成果
项目教学成果	项目教学应获得最终成果成效。物化成果如产品、作品、模型、方案、文档等,也可以产出思想、决策、展示场景、表演模拟等成果成效,为真实社会所需结果
学生学习收获	能够训练学生学习能力、工具应用能力、实践能力、沟通能力、协作能力等,提高学生综合的职业能力素质,增强学生获得感、价值感

以上对项目教学法的规范要求从八个方面强化了项目教学的特征,也为职业院校教师实施项目教学提供了借鉴参照,促进教师对项目教学法的有效实施。

5. 教法标准制定示例——一个线上线下混合式教学模式实施标准制定

翻转课堂、理实一体化、线上线下混合教学作为职业院校教师最常用的教学模式已经在各类课程教学中获得了广泛应用。其中线上线下混合式教学伴随着教育数字化的发展进程几乎已经覆盖了所有课程教学。作为一种集成线上网络教学空间和线下真实教学空间的混合式教学模式,线上线下混合式教学模式很好地体现了空间协同的优势、资源呈现的优势、教学支持的优势,并可扬长避短,产生超越单一空间的教学效能优势。但在此模式广为应用的背后也存在一些无序发展问题,如过度的数字化资源浪费、过重的学习负担、线上线下空间协同的无效应用等。职业院校要充分发挥线上线下混合教学模式效能,必须为混合式教学提供充足的技术条件,并为教师提供一份教学实施的指南依据或标准规范。

线上线下混合式教学模式实施应综合兼顾线上线下分工与协同,从教学空间、教学资源配置、教学活动配置、教学管理等方面进行规范(如表5-8)。

表5-8 一个线上线下混合式教学模式实施标准

指标	指标描述
线上教学空间	线上网络平台技术稳定、安全易用,能够有效支持教学运行,包含与线下教学协同的资源内容、教学活动和教学任务设计
线下教学空间	线下教学空间具备开展现场教学配置条件,并且能够联通线上网络平台,具有充足的网络设施及设备接入条件。线上线下空间可以混合运行,协同用于教学实施
线上教学资源配置	具有课程介绍、学习导读、课程标准、教学大纲、教学课件、教学视频、教学案例、辅助教学文档、作业练习、测试题目等基本教学内容资源以及法规标准、调研报告、证书考核、论文著作等扩展性内容资源,并以文本、图像、动画、视频、虚拟现实等资源形式呈现。资源丰富系统,方便学生学习、复习
线下教学资源配置	教师所用教材、课件、教案、案例、习题等资源以及支持教学实施的教学仪器、设备工具等资源
线上教学活动配置	课前提供预习的教学实施与测试,课中提供与线下课程协同的互动反馈和数据采集,课后提供复习与测试,线上空间设置虚拟讨论区,丰富扩展学生交流分享空间,弥补线下活动的不足
线下教学活动设置	教师负责讲授内容,组织教学活动、指导学生学习等;学生在教师组织下以个体或分组形式进行学习或研讨,分工协作实施项目任务等
线上教学管理	利用线上教学平台进行签到考勤,记录和管理学生学习过程,提供作业提交功能,记录学生线上学习数据,进行个性化学习推荐和学习效果评价等
线下教学管理	组织教学实施要素和过程,组织学生学习和参与教学活动,组织学习分组活动,组织线下教学评价,记录学生个体和小组课堂表现

以上从空间、资源、活动、管理等维度对线上线下混合式教学模式的规范作了要求,能够帮助教师合理布局线上平台和线下平台资源活动配置,有效整合线上线下平台优势,扬长避短,实现教学衔接,实现双平台协同的效力发挥。

如果要对线上线下混合式学习模式实施效果进行评价,还应着重考虑学生数字素养、线上线下教学活动参与、教学任务完成以及学生主体的增值性成长指标。

参考文献

[1] 戴士弘. 职教院校整体教改[M]. 北京:清华大学出版社,2012.
[2] 戴士弘. 职业教育课程教学改革[M]. 北京:清华大学出版社 2007.
[3] 石伟平,徐国庆. 职业教育课程开发技术[M]. 上海:上海教育出版社,2006.
[4] 姜大源. 职业教育学研究新论[M]. 北京:教育科学出版社,2007.
[5] 赵志群. 职业教育工学结合一体化课程开发指南[M]. 北京:清华大学出版社,2009.
[6] 徐国庆. 职业教育课程、教学与教师[M]. 上海:上海教育出版社,2020.
[7] 姜大源. 职业教育要义[M]. 北京:北京师范大学出版社,2017.
[8] 徐国庆. 职业教育课程论[M]. 上海:华东师范大学出版社,2008.
[9] 马建富. 职业教育学[M]. 上海:华东师范大学出版社,2008.
[10] 徐朔. 职业教育教学法[M]. 北京:高等教育出版社,2012.
[11] [德]海尔伯特·罗什. 职业教育行动导向的教学[M]. 赵志群,译. 北京:清华大学出版社,2016.
[12] 柳燕君. 现代职业教育教学模式:职业教育行动导向教学模式研究与实践[M]. 北京:机械工业出版社,2014.